Personen-gesellschaften

9., aktualisierte Auflage
Stand: September 2015

von
ao. Univ.-Prof. Mag. Dr. Gerhard Schummer

LexisNexis®

LexisNexis® Österreich vereint das Erbe der österreichischen Traditionsverlage Orac und ARD mit der internationalen Technologiekompetenz eines der weltweit größten Medienkonzerne, Reed Elsevier. Als führender juristischer Fachverlag deckt LexisNexis® mit einer vielfältigen Produktpalette die Bedürfnisse der Rechts-, Steuer- und Wirtschaftspraxis ebenso ab wie die der Lehre.

Bücher, Zeitschriften, Loseblattwerke, Skripten, die Kodex-Gesetzestexte und die Datenbank LexisNexis® *Online* garantieren nicht nur die rasche Information über neueste Rechtsentwicklungen, sondern eröffnen den Kunden auch die Möglichkeit der eingehenden Vertiefung in ein gewünschtes Rechtsgebiet. Nähere Informationen unter www.lexisnexis.at

Bibliografische Information der Deutschen Bibliothek

Die Deutsche Bibliothek verzeichnet diese Publikation in der Deutschen Nationalbibliografie; detaillierte bibliografische Daten sind im Internet über http://dnb.ddb.de abrufbar.

ISBN 978-3-7007-6115-0

LexisNexis Verlag ARD Orac GmbH & Co KG, Wien
http://www.lexisnexis.at
Wien 2015
Best.-Nr. 84.033.009

Foto Schummer: Mediendienst.com | Fotostudio Sissi Furgler

Druckerei: MDH-Media GmbH, 1220 Wien

Inhaltsverzeichnis

FÜNFTER ABSCHNITT

SECHSTER ABSCHNITT

ABKÜRZUNGEN

ABGB	Allgemeines bürgerliches Gesetzbuch
Abs	Absatz
AEUV	Vertrag über die Arbeitsweise der Europäischen Union
AG	Aktiengesellschaft
ARGE	Arbeitsgemeinschaft
Art	Artikel
ÄrzteG	Ärztegesetz BGBl I 1998/169
AußStrG	Außerstreitgesetz BGBl I 2003/111
BAO	Bundesabgabenordnung BGBl 1961/194
BGBl	Bundesgesetzblatt
BMJ	Bundesministerium für Justiz
BWG	Bankwesengesetz BGBl 1993/532
bzw	beziehungsweise
Cie	veraltete Abkürzung für Compagnie, Kompanie
Co	Compagnie, Kompanie
dh	das heißt
dHGB	deutsches Handelsgesetzbuch RGBl 1897 S. 219
EB	Erläuternde Bemerkungen zu einer Regierungsvorlage eines Gesetzes
EEG	Eingetragene Erwerbsgesellschaft
EG	Europäische Gemeinschaft
EGG	Erwerbsgesellschaftengesetz BGBl 1990/257
EGV	Vertrag zur Gründung der Europäischen Gemeinschaft
EKEG	Eigenkapitalersatz-Gesetz BGBl I 2003/92
EO	Exekutionsordnung RGBl 1896/79
EPG	Europäische Privatgesellschaft
EStG	Einkommensteuergesetz 1988 BGBl 1988/400
etc	et cetera
EU	Europäische Union
EU-GesRÄG	EU-Gesellschaftsrechtsänderungsgesetz 1996 BGBl 1996/304
EU-VerschG	EU-Verschmelzungsgesetz BGBl I 2007/72
EuGH	Europäischer Gerichtshof
EVHGB	Vierte Verordnung zur Einführung handelsrechtlicher Vorschriften in Österreich dRGBl I 1999 und dRGBl 1939 I 23 idf ÖgF
EWIV	Europäische wirtschaftliche Interessensvereinigung
EWIVG	EWIV-Ausführungsgesetz BGBl 1995/521
EWR	Europäischer Wirtschaftsraum
€	Euro
f, ff	folgende, fortfolgende
FBG	Firmenbuchgesetz BGBl 1991/10
G&V	Gewinn und Verlust
gem	gemäß
GenG	Genossenschaftsgesetz RGBl 1873/70
GesRÄG 2004	Gesellschaftsrechtsänderungsgesetz 2004 BGBl I 2004/67
GesbR	Gesellschaft bürgerlichen Rechts
GesbR-RG	GesbR-Reformgesetz BGBl I 2014/83
GesRZ	Der Gesellschafter

GmbH	Gesellschaft mit beschränkter Haftung
GmbHG	Gesetz über Gesellschaften mit beschränkter Haftung RGBl 1906/58
GSpG	Glücksspielgesetz BGBl 1989/620
hA	herrschender Ansicht
HaRÄG	Handelsrechts-Änderungsgesetz BGBl I 2005/120
HGB	Handelsgesetzbuch dRGBl 1897 S 219
hL	herrschende Lehre
hM	herrschende Meinung
hRsp	herrschende Rechtsprechung
idR	in der Regel
ieS	im engeren Sinn
InvFG 2011	Investmentfondsgesetz BGBl I 2011/77
IO	Insolvenzordnung RGBl 1914/337 idF BGBl I 2010/29
IPRG	Internationales Privatrechts-Gesetz BGBl 1978/304
iS	im Sinn
iSd	im Sinne des (der)
iVm	in Verbindung mit
iwS	im weiteren Sinn
KEG	Kommandit-Erwerbsgesellschaft
KFS BW1	Fachgutachten zur Unternehmensbewertung, Fachsenat für Betriebswirtschaft und Organisation des Instituts für Betriebswirtschaft, Steuerrecht und Organisation der Kammer der Wirtschaftstreuhänder, Wien (beschlossen am 26. 3. 2014)
KStG	Körperschaftssteuergesetz 1988 BGBl 1988/401
KVStG	Kapitalverkehrssteuergesetz dRGBl 1 S 1058
leg cit	legis citatae (des zitierten Gesetzes)
lit	litera
MRG	Mietrechtsgesetz BGBl 1981/520
NO	Notariatsordnung RGBl 1871/75
Nr	Nummer
NotaktsG	Notariatsaktsgesetz RGBl 1871/76
NZ	Notariatszeitung
OEG	Offene Erwerbsgesellschaft
OG	Offene Gesellschaft
OGH	Oberster Gerichtshof
OHG	Offene Handelsgesellschaft
ÖH	Österreichische Hochschülerschaft
PartG	Bundesgesetz über die Finanzierung politischer Parteien (Parteiengesetz 2012 – PartG) BGBl I 2012/56
PatentanwaltsG	Patentanwaltsgesetz BGBl 1967/214
PSG	Privatstiftungsgesetz BGBl 1993/694
RAO	Rechtsanwaltsordnung RGBl 1868/96
RÄG 2014	Rechnungslegungs-Änderungsgesetz 2014 BGBl I 2015/22
RdW	Recht der Wirtschaft
RGBl	Reichsgesetzblatt
RS	Rechtsskriptum
Rs	Rechtssache
Rsp	Rechtsprechung

SCE	Societas Cooperativa Europaea; Europäische Genossenschaft
SCE-VO	Verordnung (EG) 1435/2003 des Rates vom 22. 7. 2003 über das Statut der Europäischen Genossenschaft (SCE)
SCEG	Societas Cooperativa Europaea-Gesetz BGBl 2006/104
SE	Societas Europaea
SEG	Gesetz über das Statut der Europäischen Gesellschaft BGBl I 2004/67
SE-VO	Verordnung (EG) 2157/2001 des Rates vom 8. 10. 2001 über das Statut der Europäischen Gesellschaft (Société Européenne – SE), ABl L 294/1 ff vom 10. 11. 2001
sog	sogenannt
SpaltG	Spaltungsgesetz BGBl 1993/458
SpG	Sparkassengesetz BGBl 1979/64
stG	Stille Gesellschaft
TKG	Telekommunikationsgesetz 2003 BGBl I 2003/70
ua	und andere
uä	und ähnliche
UGB	Unternehmensgesetzbuch
UmgrStG	Umgründungsteuergesez BGBl 1991/699
UmwG	Umwandlungsgesetz BGBl 1996/304
UR	Unternehmensrecht
URG	Unternehmensreorganisationsgesetz BGBl I 1997/114
usw	und so weiter
VAG	Versicherungsaufsichtsgesetz BGBl 1978/569
VAG 2016	Versicherungsaufsichtsgesetz 2016 BGBl I 2015/34
VerG	Vereinsgesetz BGBl I 2002/66
vgl	vergleiche
wbl	Wirtschaftsrechtliche Blätter
WEG	Wohnungseigentumsgesetz BGBl I 2002/70
WTBG	Wirtschafttreuhandberufsgesetz BGBl I 1999/58
Z	Ziffer; Zahl
zB	zum Beispiel
ZPO	Zivilprozessordnung RGBl 1895/113
zT	zum Teil
ZTG	Ziviltechnikergesetz BGBl 1994/156
ZustellG	Bundesgesetz über die Zustellung behördlicher Dokumente BGBl 1982/200

Literaturhinweise

I. Systeme, Gesamtdarstellungen

Bergmann/Ratka, Handbuch Personengesellschaften (2011)

Duursma/Duursma-Kepplinger/Roth M., Handbuch zum Gesellschaftsrecht (2007)

Eisenhardt/Wackerbarth, Gesellschaftsrecht I – Recht der Personengesellschaften[16] (2015, Deutschland)

Goebel, Praxisausbildung Gesellschaftsrecht I: Personengesellschaften (2005, Deutschland)

Grunewald, Gesellschaftsrecht[8] (2011, Deutschland)

Grünwald, Europäisches Gesellschaftsrecht (1999)

Grziwotz/Ring, Systematischer Praxiskommentar Personenhandelsgesellschaften (2011, Deutschland)

Gummert, Münchener Anwaltshandbuch Personengesellschaftsrecht (2005, Deutschland)

Gummert/Riegger/Weipert, Münchener Handbuch des Gesellschaftsrechts I[4] (2014, Deutschland)

Harrer, Casebook Gesellschaftsrecht (2015)

Harrer, Die Personengesellschaft als Trägerin eines Unternehmens (2010)

Hämmerle/Wünsch, Handelsrecht II[4]: Personengesellschaften (1993)

Heidenhain/Meister, Münchener Vertragshandbuch I[7]: Gesellschaftsrecht (2011, Deutschland)

Hohloch, Gesellschaftsrecht (2002, Deutschland)

Holzhammer/Roth, Gesellschaftsrecht[2] (1997)

Hopt/Hehl, Gesellschaftsrecht[5] (2013, Deutschland)

Hüffer/Koch, Gesellschaftsrecht[8] (2011, Deutschland)

Kalss/Nowotny/Schauer, Österreichisches Gesellschaftsrecht (2008)

Klunzinger, Grundzüge des Gesellschaftsrechts[16] (2012, Deutschland)

Kraft/Kreutz, Gesellschaftsrecht[11] (2000, Deutschland)

Krejci, Gesellschaftsrecht I (2005)

Kübler/Assmann, Gesellschaftsrecht[6] (2006, Deutschland)

Müller/Hoffmann, Beck'sches Handbuch der Personengesellschaften[4] (2014, Deutschland)

Nowotny, G., Gesellschaftsrecht[4] (2009)

Ratka/Rauter/Völkl, Unternehmens- und Gesellschaftsrecht II: Gesellschaftsrecht[2] (2013)

Rieder/Huemer, Gesellschaftsrecht[3] (2013)

Roth/Fitz, Handels- und Gesellschaftsrecht (2006)

Roth/Weller, Handels- und Gesellschaftsrecht[8] (2013, Deutschland)

Schmidt, Gesellschaftsrecht[4] (2002, Deutschland)

Schmidt, Münchner Kommentar zum Handelsgesetzbuch II[3] (2011, Deutschland) und III[3] (2012, Deutschland)

Sudhoff, Personengesellschaften[8] (2005, Deutschland)

Torggler, U., Gesellschaftsrecht AT und Personengesellschaften (2013)

Westermann/Wertenbruch, Handbuch der Personengesellschaften (62. Lieferung 2015, Deutschland)

Windbichler, Gesellschaftsrecht[23] (2013, Deutschland)

II. Literatur zur GesbR

Bydlinski/Fritz GesbR-RG (2015)

Fritz/Perktold, Die „neue" Gesellschaft bürgerlichen Rechts (2015)

Jabornegg/Resch/Slezak, GesbR-Praxiskommentar (2012)
Kletecka/Schauer, ABGB-ON (2010–2014)
Koziol/Bydlinski/Bollenberger, Kurzkommentar zum ABGB[4] (2014)
Kühne/Straube, Die bürgerlich-rechtliche Gesellschaft (ARGE)[3] (1990)
Rummel, Kommentar zum Allgemeinen bürgerlichen Gesetzbuch II[3] (in Teillieferungen ab 2002)
Schwimann, Taschenkommentar zum ABGB[3] (2015)
Thiery, Die Gesellschaft bürgerlichen Rechts als Unternehmer (1989)
Told, Grundfragen der Gesellschaft bürgerlichen Rechts (2011)

III. Literatur zur OG/KG und stillen Gesellschaft

Baumbach/Hopt, Handelsgesetzbuch (HGB)[36] (2014, Deutschland)
Biesinger, Die Stille Gesellschaft[10] (2009, Deutschland)
Blaurock, Handbuch Stille Gesellschaft[7] (2010, Deutschland)
Brönner/Rux/Wagner, Die GmbH & Co. KG in Recht und Praxis[10] (2004, Deutschland)
Ensthaler, Gemeinschaftskommentar zum HGB[8] (2013, Deutschland)
Gummert/Weipert, Münchener Handbuch des Gesellschaftsrechts II[4] (2014, Deutschland)
Hesselmann/Tillmann/Mueller-Thuns, Handbuch der GmbH & Co KG[21] (2015, Deutschland)
Hochedlinger/Fuchs, Stille Gesellschaft (2006)
Jabornegg/Artmann, Kommentar zum UGB I[2] (2010)
Klamroth, Die Stille Gesellschaft[9] (1999, Deutschland)
Preißer/Von Rönn, Die KG und die GmbH & Co. KG[3] (2014, Deutschland)
Reiserer/Biesinger, Die GmbH & Co KG[10] (2010, Deutschland)
Röhricht/Graf von Westphalen, Handelsgesetzbuch – Kommentar[4] (2014, Deutschland)
Schmidt/Zagel, OHG, KG und PublikumsG[2] (2010, Deutschland)
Staub, GroßkommHGB (§§ 105 bis 130a bzw §§ 161 bis 177a in Teillieferungen in der 5. Auflage, Deutschland)
Straube, Wiener Kommentar zum UGB I[4] (2014)
Volb, Die stille Gesellschaft (2013, Deutschland)
Wagner/Rux, Die GmbH & Co. KG[12] (2013, Deutschland)
Wiedemann, Gesellschaftsrecht II: Recht der Personengesellschaften (2004, Deutschland)

IV. Literatur zur EWIV

Hausmaninger/Feyl, Europäische wirtschaftliche Interessensvereinigung (EWIV) (1995)
Lentner, Das Gesellschaftsrecht der Europäischen wirtschaftlichen Interessensvereinigung (1994, Deutschland)
Löffler, Die EWIV (1998)

Vorbemerkung

Durch das GesbR-Reformgesetz (BGBl I 2014/83) wurden die Rechtsgrundlagen für die Gesellschaft bürgerlichen Rechts umfassend geändert. Dies hat eine völlige Neubearbeitung vor allem des GesbR-Rechts erforderlich gemacht. In diesem Zusammenhang wurde auch der Aufbau der vorliegenden Lernunterlage im Vergleich zu den Vorauflagen geändert. Nach dem „Allgemeinen Teil des Gesellschaftsrechts" (1. Abschnitt) wird zunächst das OG-Recht behandelt (2. Abschnitt); danach wird die KG dargestellt (3. Abschnitt), die eine Sonderform der OG ist und sich im Wesentlichen nur bezüglich des Kommanditisten von der OG unterscheidet. Erst dann wird die GesbR (4. Abschnitt) präsentiert.

Der Hauptgrund für diesen Aufbau liegt darin, dass das GesbR-Recht an das OG-Recht angepasst wurde. Da die Rechtsgrundlagen für die OG umfassender sind als jene für die GesbR, ist es sinnvoll, sich zunächst der OG zu widmen. Bei der Darstellung des GesbR-Rechts wird bei den einzelnen Punkten häufig nur mehr auf die entsprechenden Ausführungen zur OG verwiesen. Dies vermeidet einerseits Wiederholungen und soll anderseits den Leser dazu veranlassen, sich die Verweisstellen nochmals durchzulesen und damit den Lernstoff entsprechend zu festigen.

ERSTER ABSCHNITT
ALLGEMEINER TEIL DES GESELLSCHAFTSRECHTS

A. Wesensmerkmale einer Gesellschaft

Verfolgen mehrere Personen einen gemeinsamen Zweck, so stellt die Rechtsordnung unterschiedliche Rechtsformen zur Verfügung. Je nach den Bedürfnissen können die Beteiligten aus der Vielfalt der strukturell unterschiedlichen Gesellschaftstypen wählen. Trotz teilweise gravierender Unterschiede zwischen den einzelnen Rechtsformen haben sie gemeinsame Wesensmerkmale. Diese Merkmale bestimmen den Gesellschaftsbegriff, der wiederum den Gegenstand des Gesellschaftsrechts abgrenzt.

Allgemein definiert man eine **Gesellschaft** als eine **durch Rechtsgeschäft begründete Rechtsgemeinschaft mindestens zweier Personen, die einen bestimmten gemeinsamen Zweck erreichen will** (vgl auch die Definition in § 1175 ABGB und § 1 Abs 1 VerG). Aufgrund dieser traditionellen Definition einer Gesellschaft ergeben sich drei Wesensmerkmale:

I. Begründung durch Rechtsgeschäft

Eine privatrechtliche Gesellschaft kann nur durch einen Vertrag – den **Gesellschaftsvertrag** (bei Kapitalgesellschaften auch **Satzung** und bei Vereinen auch **Statut** genannt) – entstehen. Er kommt (wie auch jeder andere Vertrag) durch die übereinstimmende Willenserklärung aller Vertragspartner zustande. Der Gesellschaftsvertrag hat nicht einen gegenseitigen Leistungsaustausch (wie zB bei einem Kaufvertrag) zum Inhalt, sondern die Vertragspartner verpflichten sich, Leistungen im gemeinschaftlichen Interesse zu erbringen. Da ein gegenseitiger Austausch von Leistungen fehlt, sondern die Beiträge der Gesellschafter einem gemeinsamen Zweck gewidmet werden, wird der Gesellschaftsvertrag von der hL als **entgeltsfremder Vertrag** angesehen. Er ist aber nicht nur die Gründungsvereinbarung der Gesellschafter, sondern auch der Organisationsvertrag, der das Zusammenwirken der Gesellschafter näher regelt. Der Gesellschaftsvertrag bildet die **Verfassung** der Gesellschaft.

Der Vertrag verbindet die Gesellschafter nicht nur zu einem auf einmalige Leistungserbringung ausgerichteten schuldrechtlichen Verhältnis. Der Zusammenschluss ist auf Dauer ausgelegt; er begründet ein **Dauerschuldverhältnis**. Aus diesem Schuldverhältnis erwachsen den Vertragspartnern verschiedene Rechte und Pflichten, die sich teils aus dem Gesetz, teils aus dem Gesellschaftsvertrag und teils aus allgemeinen Rechtsgrundsätzen des Gesellschaftsrechts ableiten lassen. Den Letzteren zuzuordnen sind etwa die **Treuepflicht** der Gesellschafter, das allgemeine **Gleichbehandlungsgebot** (siehe unten Seite 21) oder aber auch die **actio pro socio**. Für die GesbR wurden diese drei Rechtsgrundsätze durch das GesbR-RG auch gesetzlich verankert. Die Pflicht zur Mitwirkung und Interessenswahrung als wesentliche Ausprägung der Treuepflicht findet sich in § 1186 Abs 1 ABGB; Abs 2 legt die Gleichbehandlungspflicht fest. Die actio pro socio hat in § 1188 ABGB Eingang ins Gesetz gefunden. Darunter versteht man eine Klage, mit der ein Gesellschafter einer Personengesellschaft (die Zulässigkeit der actio pro socio bei Kapitalgesellschaften ist strittig) Ansprüche der Gesellschaft aus dem Gesellschaftsverhältnis gegen einen oder mehrere Mitgesellschafter im eigenen Namen, aber zugunsten der Gesellschaft geltend machen kann. Die Klage ist also auf Leistung an die Gesellschaft gerichtet. Die Klagebefugnis steht dem Gesellschafter unabhängig von seiner Geschäftsführungs- und Vertretungsbefugnis zu; unbeachtlich ist auch das Ausmaß der Beteiligung des Gesellschafters. Die actio pro socio ist nämlich kein Minderheitsrecht (vgl etwa § 48 Abs 1 GmbHG), sondern ein Individualrecht. Strittig ist, ob die Klagebefugnis nur bei Untätigkeit der Gesellschaft (also subsidiär) gegeben ist. Der Sinn und Zweck der actio pro socio spricht für die Subsidiarität: unterlassen die Organe der Gesellschaft die Verfolgung von Ansprüchen gegen einen Gesellschafter, soll jeder Mitgesellschafter das Recht haben, diese Ansprüche für die Gesellschaft geltend zu machen. Zu beachten ist schließlich, dass nach hA der Gesellschafter allerdings das Prozesskostenrisiko trägt.

Beispiel: Leistet ein Gesellschafter die bereits längst fällige Einlage nicht und gehen die geschäftsführungs- und vertretungsbefugten Gesellschafter gegen das säumige Mitglied aus welchen Gründen auch immer nicht vor, so kann ein Mitgesellschafter mittels Klage für die Gesellschaft die Zahlung der Einlage verlangen.

Einer bestimmten Form bedarf der Gesellschaftsvertrag grundsätzlich nicht. **Formfreiheit** besteht allerdings prinzipiell nur bei Personengesellschaften; bei Kapitalgesellschaften sind bestimmte Formvorschriften (Schriftform, Notariatsakt, Mindestinhalt) einzuhalten.

Umstritten ist, wie Gesellschaftsverträge **auszulegen** sind. Für **Personengesellschaften** wird überwiegend die Ansicht vertreten, dass Gesellschaftsverträge **wie sonstige Verträge** nach § 914 f ABGB auszulegen sind; dies soll nach einem Teil der Lehre aber nicht nach einem Wechsel im Mitgliederbestand der Gesellschaft gelten, weil dem neu hinzutretenden Gesellschafter in der Regel nur die Erklärungstatbestände, auf denen die Gesellschaft beruht, als Vertrauensgrundlage zur Verfügung stehen. In diesem Fall soll der Gesellschaftsvertrag wie bei **Kapitalgesellschaften** nach ihrem Wortlaut und Zweck in ihrem systematischen Zusammenhang **objektiv ausgelegt** werden. Für den OGH ist bei Kapitalgesellschaften die Absicht der Gründungsgesellschafter grundsätzlich bei der Auslegung des Gesellschaftsvertrages nicht zu beachten, es sei denn, dass die Parteienabsicht sich objektiv aus der Satzung ermitteln lässt. Eine solche Auslegung wird auch für Publikumsgesellschaften (siehe unten Seite 72) befürwortet.

Ist der Gesellschaftsvertrag nicht fehlerfrei zustande gekommen (zB wegen eines Willensmangels, eines Formfehlers oder eines Verstoßes gegen das Gesetz oder die guten Sitten), stellt sich die Frage nach den Rechtsfolgen. Nach der **Lehre von der fehlerhaften Gesellschaft** ist eine eingetragene oder zumindest faktisch in Vollzug gesetzte Gesellschaft als wirksam entstanden zu qualifizieren und kann idR **nicht mehr mit Wirkung ex tunc beseitigt** werden. Der „Wurzelmangel" kann jedoch ein wichtiger Grund für die Auflösung der Gesellschaft und die allenfalls erforderliche Liquidation der Gesellschaft sein.

II. Rechtsgemeinschaft

Die durch Vertrag begründete Rechtsgemeinschaft besteht aus **mindestens zwei Personen**. Dieser Grundsatz gilt allerdings nur für Personengesellschaften (vgl § 105 UGB, § 1175 ABGB), für Vereine (siehe § 1 Abs 1 VerG) und die Genossenschaft. Scheidet bei einer Personengesellschaft der vorletzte Gesellschafter aus, ist die Gesellschaft beendigt (siehe § 142 UGB, § 1215 ABGB). Die Personengesellschaft kann nicht als **Einpersonengesellschaft** (traditionell spricht man auch von einer Einmanngesellschaft) bestehen. Kapitalgesellschaften können dagegen sogar als Einpersonengesellschaften gegründet werden (§ 1 Abs 1 GmbHG; § 2 Abs 2 AktG).

III. Bestimmter gemeinsamer Zweck

Die Gesellschafter können gemeinsam einen **ideellen** (zB gemeinnützigen) oder **materiellen Zweck** (zB Gewinnerzielung) verfolgen, der erlaubt sein muss. Welchen Zweck eine Gesellschaft verfolgen darf, richtet sich nach der rechtsformspezifischen Rechtsgrundlage (zB UGB, GmbHG, AktG). Personengesellschaften (vgl § 105 UGB, § 1175 ABGB) und Kapitalgesellschaften können grundsätzlich zu jedem erlaubten Zweck errichtet werden. Ein Verein nach dem VerG kann dagegen nur zu ideellen Zwecken errichtet werden; gem § 1 Abs 2 VerG darf er „nicht auf Gewinn berechnet sein". Zweck einer Genossenschaft ist die Förderung ihrer Mitglieder (§ 1 Abs 2 GenG) oder die Förderung der wirtschaftlichen und/oder sozialen Tätigkeiten ihrer Mitglieder (§ 1 Abs 3 GenG).

Der Zweck der Gesellschaft wird durch eine bestimmte Tätigkeit zu erreichen versucht. Diese Tätigkeit wird im **Unternehmensgegenstand** umschrieben. Bei einer AG, GmbH und Genossenschaft ist der Unternehmensgegenstand zwingender Bestandteil des Gesellschaftsvertrages und gibt Auskunft darüber, welche Tätigkeiten die Gesellschaft ausübt bzw ausüben wird. Aufgrund gesetzlicher Bestimmungen ist die Ausübung bestimmter Tätigkeiten auf bestimmte Rechtsformen beschränkt.

Beispiele: Die Verwaltung von Kapitalanlagefonds nach dem InvFG (das sog „Investmentgeschäft") darf nur von einer AG oder GmbH betrieben werden (§ 6 Abs 2 Z 1 InvFG 2011); nach § 5 Abs 1 Z 1 BWG kann eine Konzession für das Betreiben von Bankgeschäften nur einer Kapitalgesellschaft, Genossenschaft oder Sparkasse erteilt werden.

Der Gesellschaftszweck wird durch das gemeinsame Zusammenwirken der Gesellschafter zu erreichen versucht. Das **organisierte Zusammenwirken** ist nach neuerer Auffassung, der sich der Gesetzgeber im GesbR-RG angeschlossen hat, nicht mehr ein Wesenselement einer Gesellschaft, sondern als Rechtsfolge zu qualifizieren. Das organisierte Zusammenwirken wird häufig als Abgrenzungskriterium zu anderen Vertragstypen oder etwa zur Beurteilung der Frage, ob zwischen Ehegatten oder Lebensgefährten eine Gesellschaft abgeschlossen wurde, herangezogen. Die Judikatur ist uneinheitlich; sie qualifiziert das organisierte Zusammenwirken zum Teil als Wesenselement einer Gesellschaft, zum Teil bloß als Indiz für das Vorliegen einer Gesellschaft.

Ein organisiertes Zusammenwirken verlangt eine (zumindest lose) Gemeinschaftsorganisation, die jedem Vertragspartner gewisse Einwirkungs- und Mitwirkungsrechte einräumt. Zu regeln ist, wie zB Entscheidungen in der Gesellschaft getroffen werden sollen **(Geschäftsführung)** und wer die Rechtsgemeinschaft nach außen repräsentieren und rechtswirksam für sie handeln soll **(Vertretung)**. Obliegt die Geschäftsführung und Vertretung den Gesellschaftern, spricht man von der **Selbstorganschaft**. Ist die Mitgliedschaft hingegen nicht Voraussetzung für eine Geschäftsführungs- und Vertretungsbefugnis, liegt eine **Fremdorganschaft** vor. Während bei der Fremdorganschaft die Organe (zB der Vorstand einer AG) vom zuständigen Gremium bestellt werden müssen, bedarf es bei der Selbstorganschaft keines Bestellungsaktes. Die Gesellschafter haben kraft ihrer Stellung diese Befugnis, es sei denn, dass durch Gesellschaftsvertrag oder Gesellschafterbeschluss etwas anderes bestimmt wird.

Weil die Geschäftsführung und Vertretung häufig im Gesellschaftsvertrag geregelt werden, ist dieser daher auch ein **Organisationsvertrag**. Festgelegt werden im Gesellschaftsvertrag aber auch die gesellschaftsrechtlichen Zuständigkeiten der einzelnen Organe, die in weiten Zügen allerdings durch das Gesetz vorgegeben sind.

B. Die Abgrenzung einer Gesellschaft zu anderen Rechtsinstituten

Von der Gesellschaft sind solche Rechtsgebilde abzugrenzen, die die unter Punkt A. genannten Wesensmerkmale nicht aufweisen.

I. Unterschied zur schlichten Rechtsgemeinschaft

Bei der schlichten Rechtsgemeinschaft steht ein Recht mehreren Personen gemeinsam zu.

Beispiele: Das Miteigentum an einer Sache (zB an einem Zweifamilienhaus); mit dem Tod des Erblassers entsteht zwischen mehreren Erben eine sich auf das Erbrecht beziehende schlichte Rechtsgemeinschaft der Erben („Erbengemeinschaft"); haben mehrere Personen gemeinsam ein Werk geschaffen (zB ein Computerprogramm), bei denen die Ergebnisse ihres Schaffens eine untrennbare Einheit bilden, steht das Urheberrecht allen Miturhebern gemeinschaftlich zu (§ 11 Abs 1 UrhG).

Eine Gesellschaft unterscheidet sich von der schlichten Miteigentumsgemeinschaft durch den Willen der Parteien, eine gemeinsame Sache nicht nur zu besitzen und zu verwalten, sondern durch organisiertes Zusammenwirken zu nutzen. Während bei einer **Gesellschaft** also das **gemeinsame Wirken** zur Erreichung eines bestimmten Zwecks wesensrelevant ist, ist die **Rechtsgemeinschaft** durch ein bloßes **„Haben"** gekennzeichnet. Es fehlt an der Förderung eines gemeinsamen Zwecks. Die bloße Vermögensansammlung und -verwaltung etwa bei Ehegatten oder Lebensgefährten reicht für die Judikatur zur Begründung einer Gesellschaft nicht aus; es fehlt an einer Zweckverfolgung, die über den typischen Rahmen einer Ehe oder Lebensgemeinschaft hinausgeht. Die Abgrenzung zwischen Gesellschaft und bloßer Miteigentümergemeinschaft ist im Einzelnen oft schwierig. Eine gewisse Erleichterung hat das GesbR-RG gebracht; § 826 Satz 2 ABGB bestimmt nunmehr, dass eine Miteigentumsgemeinschaft, auch wenn sie durch einen Vertrag begründet wurde, nicht automatisch eine GesbR ist. Die Miteigentümer müssen ausdrücklich vereinbaren, als Gesellschafter einer Gesellschaft bürgerlichen Rechts zusammenwirken zu wollen. Wenn aber die Miteigentümer im Laufe der Zeit ihr gemeinsames Zusammenwirken erweitern, kann die Miteigentumsgemeinschaft auch konkludent zur GesbR werden.

Beispiel: Zwei Personen haben eine günstige Kaufgelegenheit wahrgenommen und ein Grundstück mit einem darauf errichteten Haus erworben, ohne sich zu diesem Zeitpunkt noch Gedanken über die zukünftige Nutzung zu machen. Es liegt ein vertraglich begründetes Miteigentum, aber keine GesbR vor. Nach einem Jahr erarbeiten beide ein Nutzungskonzept: Das Haus soll entsprechend umgebaut und kleinere Wohneinheiten errichtet werden, die in weiterer Folge vermietet werden sollen. Über die Finanzierung des Projekts und die Aufteilung der Überschüsse erzielen beide Einigung. Durch das gemeinsame organisierte Zusammenwirken mit entsprechenden Mitsprache- und Einflussrechten ist konkludent eine GesbR entstanden.

Wird Miteigentum durch das Gesetz angeordnet, fehlt es überdies an der für Gesellschaften charakteristischen **rechtsgeschäftlichen Begründung** der Gemeinschaft.

Beispiele: Steht der Stamm eines Baumes genau an der Grundstücksgrenze, so besteht am „Grenzbaum" Miteigentum der beiden Grundeigentümer (§ 421 ABGB); Gleiches gilt für Grenzeinrichtungen wie Mauern, Hecken usw. Miteigentum entsteht auch durch Verarbeitung bzw Vereinigung von Sachen, die verschiedenen Eigentümern gehören (vgl §§ 414 ff ABGB). Wird ein urheberrechtlich geschütztes Werk von mehreren Personen gemeinsam erstellt, wird die Miturheberschaft durch den Realakt der Schöpfung des Werkes ohne rechtsgeschäftlichen Willen begründet (vgl § 11 UrhG).

II. Unterschied zu Körperschaften des öffentlichen Rechts

Körperschaften des öffentlichen Rechts (zB Bund, Land, Gemeinden, Kirchen, Sozialversicherungsträger, Kammern oder etwa die ÖH) werden **nicht durch einen privatrechtlichen Vertrag**, sondern durch einen Hoheitsakt oder einen sonstigen öffentlich-rechtlichen Entstehungsakt geschaffen. Politische Parteien nach dem PartG werden von der Judikatur nicht zu den Körperschaften öffentlichen Rechts gezählt; ihre Beziehungen zu den Mitgliedern sind privatrechtlicher Natur.

Vielfach nehmen Körperschaften des öffentlichen Rechts am Wirtschaftsleben teil und bedienen sich hierzu privatrechtlicher Rechtsformen, vorzüglich der GmbH und AG. Derartige **ausgegliederte Gesellschaften** unterliegen den jeweiligen gesellschaftsrechtlichen Normen (zB GmbHG, AktG).

Zum Teil wird im Rahmen der Ausgliederung die Gründung von Gesellschaften vorgesehen und im betreffenden Gesetz angeordnet, welchen Inhalt der Gesellschaftsvertrag der Rechtsträger des ausgegliederten Unternehmens haben muss. Es handelt sich dabei insofern um atypische Gesellschaften, weil Details über den Gesellschaftsvertrag dieser Rechtsträger in einem Gesetz vorgegeben werden.

Beispiel: Durch BGBl 1991/420 wurde der Bundesminister für wirtschaftliche Angelegenheiten ermächtigt, die „Schönbrunner Tiergarten-Gesellschaft mbH" zu gründen; der Gesellschaftsvertrag muss einen allgemeinen Kontrahierungszwang, eine ganzjährige Betriebspflicht und weitere Aufgaben vorsehen.

Diese Gesellschaften unterliegen den organisationsrechtlichen Bestimmungen des jeweiligen Rechtsträgers (zB GmbHG, AktG); gelegentlich werden aber durch Gesetz Sonderbestimmungen geschaffen, die vom Organisationsrecht, das für diesen Rechtsträger gilt, abweichen.

Beispiel: Durch BGBl I 2002/15 wurde die „Österreichische Bibliothekenverbund und Service Gesellschaft m. b. H." errichtet; nach § 9 leg cit haftet der Bund als Gesellschafter nach den Bestimmungen des AHG für von der Gesellschaft, ihren Organen oder Arbeitnehmern bei Erfüllung ihrer Aufgaben in Vollziehung des Gesetzes schuldhaft zugefügten Schäden. Grundsätzlich haften Gesellschafter für Verbindlichkeiten der GmbH nicht (§ 61 Abs 2 GmbHG).

III. Unterschied zur Privatstiftung

1. **Begriff, Wesen und praktische Bedeutung:** Eine Privatstiftung nach dem PSG ist eine juristische Person mit Sitz im Inland, der von einem Stifter ein Vermögen (Bar- oder Sachvermögen) im Wert von mindestens € 70.000 gewidmet wird. Die Besonderheit einer derartigen Stiftung liegt darin, dass die juristische Person – anders als etwa Kapitalgesellschaften – keine Gesellschafter hat. Der Stiftung liegt die Idee zugrunde, dass mit einer eigentümerlosen juristischen Person bestimmte Zwecke besser und auch dauerhafter verwirklicht werden können, als wenn etwa Vermögen in eine Gesellschaft eingebracht wird, die von den Gesellschaftern beeinflusst werden kann. Auch steuerliche Vorteile der Privatstiftung sind bzw waren in der Vergangenheit ein wichtiges Motiv für die Errichtung. Wesensmerkmal einer Stiftung ist die Verselbständigung des gewidmeten Vermögens, dessen Verwendung an den Willen des Stifters gebunden ist. In der Praxis hat die Privatstiftung große Bedeutung erlangt; zum Stichtag 1. 1. 2015 waren in Österreich 3.243 Privatstiftungen im Firmenbuch eingetragen.
2. **Stifter und Stiftungszweck:** Stifter können eine oder mehrere natürliche oder juristische Personen sowie eine OG/KG sein. Durch die Nutzung, Verwaltung und Verwertung des gestifteten Vermögens soll ein vom Stifter bestimmter Zweck erfüllt werden. Der Zweck muss nicht gemeinnütziger (zB Förderung der Allgemeinheit auf kulturellem, geistigem oder sportlichem Gebiet) oder mildtätiger (zB Unterstützung notleidender Personen) Art sein; der Stifter kann vielmehr auch rein private Zwecke (zB Versorgung von nahen Angehörigen; Wunsch nach Sicherung und Erhaltung des geschaffenen Vermögens; Vermeidung der Zerstückelung des Vermögens durch Erbfolge; Steueroptimierung durch Nutzung abgabenrechtlicher Vorteile einer Privatstiftung) verfolgen. Dementsprechend wird zwischen **gemeinnützigen** und **eigennützigen** Privatstiftungen differenziert. In der Stiftungserklärung hat der Stifter den bzw die „Begünstigten" (§ 5 PSG iVm § 9 Abs 1 Z 3 PSG) zu benennen oder eine Stelle anzugeben, die den Begünstigten festzustellen hat. Der Begünstigte erhält Zuwendungen aus dem gestifteten Vermögen bzw den erwirtschafte-

ten Erträgnissen. Wird die Privatstiftung aufgelöst (siehe sogleich unten unter Punkt 7.), fällt das verbleibende Vermögen dem sog „Letztbegünstigten" (§ 6 PSG) zu; dieser kann in der Stiftungserklärung benannt werden (§ 9 Abs 2 Z 12 PSG).

3. **Stiftungsgegenstand:** Gegenstand einer Stiftung ist die Nutzung, Verwaltung und Verwertung des gestifteten Vermögens. § 1 Abs 2 PSG zählt Tätigkeiten auf, die von einer Privatstiftung nicht durchgeführt werden dürfen. **Verboten** ist demnach
   - eine **gewerbsmäßige Tätigkeit**, die über eine bloße Nebentätigkeit hinausgeht: der Gesetzgeber wollte durch das Verbot gewerbsmäßiger Tätigkeiten verhindern, dass die Privatstiftung sich unmittelbar den Risiken einer unternehmerischen Tätigkeit aussetzt. Sehr wohl kann eine unternehmerische Tätigkeit von einem Rechtsträger (zB einer GmbH), an der die Privatstiftung beteiligt ist, ausgeübt werden;
   - die **Übernahme der Geschäftsführung** einer Handelsgesellschaft: der Begriff „Handelsgesellschaft" stammt noch aus dem HGB und wurde nicht an die Diktion des UGB angepasst; gemeint ist, dass einer Privatstiftung nicht die Geschäftsführung einer anderen Gesellschaft übertragen werden kann
   - die **Beteiligung als unbeschränkt haftender Gesellschafter** an einer eingetragenen Personengesellschaft: der Sinn dieses Verbots liegt darin, dass all diese Tätigkeiten mit einem Risiko verbunden sind, hinter der Privatstiftung aber keine Eigentümer stehen, die dieses Risiko letztlich tragen.
4. **Errichtung einer Privatstiftung:** Sie wird durch eine Stiftungserklärung errichtet (§ 7 PSG), in der der Stifter die Grundlagen der Stiftung festlegt. § 9 PSG regelt den (zwingenden und fakultativen) Inhalt der Stiftungserklärung (Widmung des Vermögens, Stiftungszweck, Name und Sitz der Stiftung, Bezeichnung des Begünstigten usw). Die Stiftungserklärung bedarf gem § 39 PSG der Form des Notariatsaktes. Der Stifter kann die Stiftungserklärung in zwei getrennten Urkunden, nämlich der Stiftungsurkunde und der Stiftungszusatzurkunde (§ 10 PSG) festhalten. Während die Stiftungsurkunde dem Firmenbuchgericht vorzulegen und in die Urkundensammlung aufzunehmen ist, ist die Stiftungszusatzurkunde nicht öffentlich zugänglich. In diese können nur die Stiftungsorgane und der Begünstigte Einsicht nehmen. Die Zusatzurkunde ist nach § 13 Abs 6 KStG auch dem zuständigen Finanzamt vorzulegen.

   Vor dem Entstehen einer Privatstiftung (siehe sogleich Punkt 5.) kann die Stiftungserklärung vom Stifter **widerrufen** oder **abgeändert** werden. **Nach dem Entstehen** der Privatstiftung sind Änderungen nur möglich, wenn in der Stiftungserklärung ein Änderungsvorbehalt aufgenommen wurde (§ 33 PSG); ebenso kann eine Privatstiftung vom Stifter nur dann widerrufen werden, wenn er sich den Widerruf in der Stiftungserklärung vorbehalten hat. Ist der Stifter eine juristische Person, kann ein solcher Widerruf nicht vorbehalten werden (§ 35 PSG). Solche Änderungs- und Widerrufsrechte des Stifters sind nach Ansicht des OGH Vermögensrechte, die der **Exekution** unterliegen. Sie ermöglichen daher den Gläubigern des Stifters, auf das Vermögen der Stiftung zu greifen, indem das Recht zur Auflösung der Privatstiftung ausgeübt und in weiterer Folge der Liquidations- bzw Auflösungserlös eingezogen wird.
5. **Entstehen der Privatstiftung:** Ebenso wie Kapitalgesellschaften entstehen auch Privatstiftungen mit der Eintragung ins Firmenbuch (§ 7 PSG).
6. **Organe einer Privatstiftung:** In den Grundzügen mit einer Kapitalgesellschaft vergleichbar ist auch die Organisationsstruktur einer Privatstiftung. Zwingende Organe sind der aus mindestens **drei Mitgliedern** bestehende **Stiftungsvorstand** (§§ 15 ff PSG) und der **Stiftungsprüfer**. In bestimmten Fällen (siehe § 22 PSG) ist auch ein Aufsichtsrat zu bestellen. Den ersten Stiftungsvorstand bestellt der Stifter. Dieser kann grundsätzlich auch selbst Mitglied des Vorstands sein, wenn er oder seine nahen Angehörigen nicht gleichzeitig Begünstigte sind. Nach § 15 Abs 2 PSG können nämlich ein Begünstigter, dessen Ehegatte, Lebensgefährte sowie Personen, die mit dem Begünstigten in gera-

der Linie oder bis zum dritten Grad der Seitenlinie verwandt sind, nicht Mitglied des Stiftungsvorstands sein. Der OGH interpretiert die Unvereinbarkeitsregel des § 15 Abs 2 PSG sehr weit; demnach ist auch eine Person, die den Begünstigten vertritt (zB ein Anwalt, Steuerberater), von der Unvereinbarkeitsbestimmung des § 15 Abs 2 und 3 PSG erfasst. Der Gesetzgeber hat auf diese Judikatur reagiert und statuiert nunmehr in § 15 Abs 3a PSG eine Unvereinbarkeitsregel für jene Personen, die von Begünstigten oder deren Angehörigen mit der Wahrnehmung ihrer Interessen im Stiftungsvorstand beauftragt wurden. § 15 Abs 2, 3 und 3a PSG enthalten absolute Bestellungsverbote; nach überwiegender Ansicht wäre eine Bestellung derartiger Personen absolut nichtig.

Eine weitere **Unvereinbarkeit** legt § 23 Abs 2 PSG fest. Demnach dürfen Mitglieder des **Aufsichtsrats** und deren Angehörige nicht zugleich dem Stiftungsvorstand angehören oder Stiftungsprüfer sein; Begünstigte und deren Angehörige dürfen nicht die Mehrheit der Aufsichtratsmitglieder stellen (vgl § 23 Abs 2 PSG). Nach Ansicht des OGH ist es mit § 23 PSG unvereinbar, wenn ein Beirat mehrheitlich mit Begünstigten oder deren nahen Angehörigen besetzt ist und dem Beirat aufsichtsratsähnliche Kompetenzen mit weitreichenden Kompetenzen (zB Bestellung und Abberufung von Vorstandsmitgliedern) eingeräumt werden.

§ 20 Abs 3 PSG enthält eine **Unvereinbarkeitsregel** für **Stiftungsprüfer**. Dieser darf weder Begünstigter noch Mitglied eines anderen Stiftungsorgans, noch Arbeitnehmer der Privatstiftung, noch in einem Unternehmen beschäftigt sein, auf das die Privatstiftung maßgeblichen Einfluss nehmen kann, noch eine dieser Stellungen in den letzten drei Jahren innegehabt haben, noch zusammen mit einer ausgeschlossenen Person seinen Beruf ausüben, noch ein naher Angehöriger einer ausgeschlossenen Person sein.

7. **Auflösung einer Privatstiftung**: § 35 PSG statuiert die Auflösungsgründe für eine Privatstiftung. Demnach wird die Privatstiftung aufgelöst, wenn

   - die in der Stiftungserklärung vorgesehene Dauer abgelaufen ist oder
   - über das Vermögen der Privatstiftung das Konkursverfahren eröffnet wurde oder
   - der Beschluss über die Nichteröffnung eines Insolvenzverfahrens mangels kostendeckenden Vermögens Rechtskraft erlangt hat oder
   - der Stiftungsvorstand einen einstimmigen Auflösungsbeschluss gefasst hat oder
   - das Gericht die Auflösung beschlossen hat (insbesondere deshalb, weil die Privatstiftung eine verbotene Tätigkeit iSd § 1 Abs 2 PSG ausübt und diese trotz Unterlassungsanordnung gem § 35 Abs 3 PSG innerhalb angemessener Frist nicht einstellt)

   § 35 Abs 2 PSG hält fest, dass der Stiftungsvorstand einen **einstimmigen Auflösungsbeschluss** zu fassen hat, sobald ihm

   - ein zulässiger Widerruf des Stifters zugegangen ist oder
   - der Stiftungszweck erreicht oder nicht mehr erreichbar ist oder
   - eine nicht gemeinnützige Privatstiftung, deren überwiegender Zweck die Versorgung von natürlichen Personen ist, 100 Jahre gedauert hat, es sei denn, dass alle Letztbegünstigten einstimmig beschließen, die Privatstiftung für einen weiteren Zeitraum, längstens jedoch jeweils für 100 Jahre, fortzusetzen oder
   - andere in der Stiftungserklärung dafür genannte Gründe gegeben sind.

   Die Privatstiftung ist in weiterer Folge **abzuwickeln** (§ 36 PSG); der Schluss der Abwicklung ist ins Firmenbuch einzutragen und die Privatstiftung zu **löschen** (§ 37 PSG).

8. **Unterschied zu einer Gesellschaft:** Wenngleich die Stiftung von der Struktur in vielen Punkten durchaus mit einer Kapitalgesellschaft vergleichbar ist, ist sie keine Gesellschaft. Es liegt nämlich keine **Personenvereinigung** vor, weil die Stiftung ein eigentümerloses Gebilde ist.

IV. Unterschied zu einer Sparkasse

Sparkassen sind von Gemeinden oder von Sparkassenvereinen gegründete juristische Personen des Privatrechts (§ 1 SpG). Auch sie sind wie die Privatstiftung eigentümerlose Gebilde und daher keine Gesellschaften im eigentlichen Sinn. Viele Sparkassen sind heute nicht mehr Kreditinstitute im Sinne des BWG, weil sie in den letzten Jahren ihr Unternehmen in eine Sparkassen AG eingebracht haben, die nunmehr das Bankgeschäft betreibt (vgl § 92 Abs 2 BWG iVm § 1 Abs 3 SpG). Die einbringenden Sparkassen verwalten meist nur mehr die in ihrem Vermögen befindlichen Anteile an der Sparkassen AG (sog „Anteilsverwaltungssparkassen"). Die §§ 27a ff SpG bieten die Möglichkeit, derartige Sparkassen in Privatstiftungen umzuwandeln. Bislang haben 35 Sparkassen davon Gebrauch gemacht (siehe http://www.sparkassenverband.at/de/Ueber-uns/Mitglieder/Sparkassenstiftungen).

Beispiel aus der Praxis: 1819 wurde die „Erste österreichische Spar-Casse" durch einen Verein gegründet. 1993 wurde der Geschäftsbetrieb dieser Sparkasse in die gegründete Tochtergesellschaft „DIE ERSTE österreichische Spar-Casse Bank Aktiengesellschaft" als operative Bank eingebracht. „DIE ERSTE österreichische Spar-Casse" blieb als die Holdinggesellschaft für die Aktien an der neu gegründeten Tochtergesellschaft bestehen, gleichzeitig änderte sie mit der Übertragung des Bankgeschäfts ihren Namen auf „DIE ERSTE österreichische Spar-Casse Anteilsverwaltungssparkasse (AVS)". 2003 wurde sie in „Die ERSTE österreichische Spar-Casse Privatstiftung (ERSTE Stiftung)" formwechselnd umgewandelt.

C. Numerus clausus der Gesellschaftsformen

I. Grundsätzliche Wahlfreiheit

Wollen sich Personen zu einer Gesellschaft zusammenschließen, so können sie nur aus dem vom Gesetzgeber zur Verfügung gestellten **geschlossenen Kreis** der Gesellschaftsformen wählen. Der **Wahlfreiheit** sind nur zum Teil Grenzen gesetzt. So dürfen bestimmte Tätigkeiten nur durch bestimmte Rechtsträger ausgeübt werden.

Beispiele: Der Betrieb von Versicherungsgeschäften darf nur durch eine AG, eine SE oder einen Versicherungsverein auf Gegenseitigkeit durchgeführt werden (§ 3 VAG bzw § 8 VAG 2016); eine Investmentfondsgesellschaft darf nur in Rechtsform der AG oder GmbH geführt werden (§ 6 Abs 2 Z 1 InvFG 2011); eine öffentliche Apotheke darf nur als Einzelunternehmen und unter bestimmten Voraussetzungen in der Rechtsform einer Personengesellschaft, nicht aber durch eine juristische Person (zB AG, GmbH) betrieben werden (§ 12 Apothekengesetz).

Eine Beschränkung kann auch dergestalt ausgeformt sein, dass eine bestimmte Rechtsform zwar zulässig ist, aber sonstige Voraussetzungen zu erfüllen sind.

Beispiele: Nach § 14 GSpG darf die Konzession für Glücksspiele wie Lotto oder Toto nur an eine Kapitalgesellschaft erteilt werden, die über ein eingezahltes Stamm- oder Grundkapital von mindestens 109 Mio € verfügt. § 52 a ÄrzteG bestimmt, dass eine Zusammenarbeit von Ärzten als sog Gruppenpraxis nur in der Rechtsform einer OG oder GmbH erfolgen darf und Gesellschafter nur zur selbständigen Berufsausübung berechtigte Ärzte sein dürfen.

II. Typenmischung und atypische Ausgestaltung

Die künftigen Gesellschafter können nicht selbst eine beliebige Gesellschaftsform neu schaffen. Wohl aber besteht ein von Gesellschaftsform zu Gesellschaftsform unterschiedlicher Freiraum zur vertraglichen Ausgestaltung. Diese **Gestaltungsfreiheit** kann dazu ausgenützt werden, bestimmte **Grundtypen** von Gesellschaftsformen **zu mischen** oder vom gesetzlichen Leitbild abzuweichen und die Gesellschaftsform **atypisch auszugestalten**.

Paradebeispiel für die Grundtypenmischung ist die **GmbH & Co KG**, bei der die Vorteile der Personengesellschaft mit jenen einer Kapitalgesellschaft verbunden werden. Die **Publikums-KG** ist hingegen ein Beispiel für die atypische Ausgestaltung einer Gesellschaftsform: Gesetzliches Leitbild der KG ist ua die geringe, überschaubare Gesellschafterzahl, die bei der Publikums-KG nicht gegeben ist (siehe hierzu im Einzelnen unten Seite 72 f).

III. Zur Verfügung stehende Rechtsformen

1. Im Wesentlichen stehen in Österreich folgende **Gesellschaftsformen** (in Klammer die Rechtsquellen) zur Verfügung:
   - die Gesellschaft bürgerlichen Rechts (§§ 1175 ff ABGB)
   - die offene Gesellschaft (§§ 105 ff UGB)
   - die Kommanditgesellschaft (§§ 161 ff UGB)
   - die stille Gesellschaft (§§ 179 ff UGB)
   - die Aktiengesellschaft (AktG)
   - die Gesellschaft mit beschränkter Haftung (GmbHG)
   - die Erwerbs- und Wirtschaftsgenossenschaft (GenG)
   - der Verein (VerG 2002)
   - der (große und kleine) Versicherungsverein auf Gegenseitigkeit (VAG bzw VAG 2016)
   - die Europäische wirtschaftliche Interessenvereinigung (EWIVG und EWIV-VO)
   - die Europäische Gesellschaft – Societas Europaea – SE (SEG und SE-VO)
   - die Europäische Genossenschaft – Societas Cooperativa Europaea – SCE (SCEG und SCE-VO)

   Sonstige zulässige Rechtsformen (zB Reederei, Werksgenossenschaft) haben keine praktische Bedeutung.

   Beachte: Keine eigene Gesellschaftsform ist der **Konzern** (siehe ORAC-RS UR Kapitalgesellschaften[9], Seite 5 f). Es handelt sich dabei um eine Zusammenfassung **rechtlich selbständiger** Unternehmen zu wirtschaftlichen Zwecken unter einheitlicher Leitung (§ 15 AktG, § 115 GmbHG).

2. Zu erwähnen sind die Initiativen auf **europäischer Ebene** zur Schaffung **supranationaler Rechtsformen**, wie sie bereits mit der EWIV, SE und SCE schon verwirklicht wurden. Diese supranationalen Rechtsformen sollen die nationalen Rechtsformen nicht ersetzen, sondern sind eine Ergänzung ins-

besondere für grenzüberschreitende Tätigkeiten. Wesentlich ist, dass für die Gründung dieser Gesellschaften ein „grenzüberschreitender" Bezug erforderlich ist.

Beispiele: Art 4 Abs 2 EWIV-VO verlangt, dass eine EWIV mindestens zwei Gesellschafter haben muss, die ihre Hauptverwaltung oder ihre Haupttätigkeit in verschiedenen Mitgliedstaaten ausüben. Art 2 Abs 1 SCE-VO sieht vor, dass eine SCE nur von mindestens fünf Personen gegründet werden kann, deren Wohnsitze in mindestens zwei Mitgliedstaaten liegen.

Folgende supranationale Rechtsformen befinden sich in der **Planungs- bzw Entwicklungsphase**:

- Als Ergänzung zu der auf größere Unternehmen ausgerichteten SE sollte nach den ursprünglichen Plänen mit der sog **Europäischen Privatgesellschaft** (EPG, Societas Privata Europaea [SPE]) für Klein- und Mittelunternehmen (KMU) eine adäquate supranationale Rechtsform zur Verfügung gestellt werden. Die Europäische Kommission hat im Juni 2008 einen VO-Entwurf für diese neue Rechtsform vorgelegt; das Europäische Parlament hat dem Entwurf Anfang März 2009 mit gewünschten Änderungen zugestimmt. Ab dem 1. 7. 2010 sollte es nach den ursprünglichen Plänen möglich sein, eine derartige Gesellschaft („Euro-GmbH") innerhalb der EU zu gründen. Der Europäische Wettbewerbsfähigkeitsrat ist im Dezember 2009 zu dem Ergebnis gelangt, dass der Vorschlag nochmals überdacht werden sollte. Auch einzelne Mitgliedstaaten – unter anderem Österreich – haben Bedenken gegen den Entwurf vorgebracht. Kritikpunkte waren insbesondere die Höhe des Mindestkapitals, das Fehlen eines grenzüberschreitenden Bezugs sowie Fragen der Arbeitnehmermitbestimmung. Die Europäische Kommission hat im Oktober 2013 erklärt, mangels Aussichtslosigkeit bezüglich einer Einigung den Vorschlag zum Statut der Europäischen Privatgesellschaft zurückzuziehen. Schon im April 2014 hat die Kommission gleichsam als Ersatz für die gescheiterte EPG den Vorschlag für eine Richtlinie über Gesellschaften mit beschränkter Haftung mit einem einzigen **Gesellschafter (Societas Unius Personae [SUP])** vorgelegt. Nach Art 16 des Vorschlags soll das Stammkapital dieser Gesellschaft mindestens 1 € betragen. Ob der nunmehrige Vorschlag umgesetzt werden kann, bleibt abzuwarten. In Österreich und Deutschland hat es schon einige kritische Stimmen zum vorliegenden Vorschlag gegeben.
- Derzeit bestehen auch Überlegungen, eine **Europäische Stiftung** zu schaffen. Die Europäische Kommission hat im Februar 2009 eine öffentliche Konsultation zu den Schwierigkeiten grenzüberschreitend tätiger Stiftungen und zur etwaigen Ausarbeitung einer Satzung für eine Europäische Stiftung initiiert. Im Februar 2012 legte die Europäische Kommission einen Vorschlag für eine Ratsverordnung für ein Statut einer Europäischen Stiftung – **Fundatio Europaea (FE)** vor, um grenzüberschreitende Tätigkeiten gemeinnütziger Stiftungen zu erleichtern und um es ihnen einfacher zu machen, gemeinnützige Ziele quer durch die EU zu unterstützen.
- Vor allem für die Versicherungsbranche von Bedeutung ist der Vorschlag für eine VO über das Statut der **Europäischen Gegenseitigkeitsgesellschaft** (**ME**; mutualité européenne). Die Europäische Gegenseitigkeitsgesellschaft wird definiert als eine Personenvereinigung, die ihren Mitgliedern gegen Entrichtung eines Beitrags die vollständige Begleichung der im Rahmen der satzungsmäßigen Tätigkeiten eingegangenen vertraglichen Verbindlichkeiten garantiert. Zu diesen Tätigkeiten gehören insbesondere soziale Fürsorge, Versicherung, Hilfe im Gesundheitsbereich und Kredit. Im September 2005 hat die Kommission den Rechtsetzungsprozess unterbrochen. Im Februar 2013 forderte das Europäische Parlament in einer mit großer Mehrheit verabschiedeten Resolution samt detaillierten Empfehlungen die umgehende Schaffung des Statuts.
- Ein weiteres Projekt findet sich im Vorschlag für eine VO über das Statut des **Europäischen Vereins** (**AE**; L'association européenne). Der Europäische Verein ist eine ständige Struktur, deren Mitglieder ihre Kenntnisse oder Tätigkeiten entweder zu gemeinnützigen Zwecken oder zur mittelbaren oder unmittelbaren Förderung der sektoralen und/oder beruflichen Interessen ihrer

Mitglieder zusammenlegen. Auch hier hat die Kommission im September 2005 den Rechtsetzungsprozess mit der Begründung abgebrochen, dass eine Vereinfachung der Verwaltungsverfahren notwendig sei.

D. Internationale Aspekte des Gesellschaftsrechts

I. Vorbemerkungen

Wie schon im vorhergehenden Punkt unter I. erwähnt, kann man sich nur jener Rechtsformen bedienen, die der österreichische Gesetzgeber zur Verfügung stellt. Es ist daher **nicht zulässig**, zB die Rechtsform der „Private Limited Company" nach dem Recht des Vereinigten Königreichs Großbritannien (nach dem Companies Act 1989) zu wählen, wenn man **in Österreich** eine Gesellschaft gründen will, bei der nur die Gesellschaft für die Schulden haften soll. Wenngleich die österreichische Rechtsordnung mit der GmbH eine vergleichbare Rechtsform kennt, könnte der Wunsch nach einer solchen ausländischen Rechtsform insbesondere in niedrigeren oder überhaupt fehlenden Mindestkapitalaufbringungsvorschriften, niedrigeren Gründungskosten oder der Möglichkeit von „Blitzgründungen" innerhalb eines Tages begründet sein.

II. Gründung einer Gesellschaft im Ausland

Nahe liegend ist der Gedanke, eine Gesellschaft im Ausland zu gründen und in weiterer Folge den Sitz nach Österreich zu verlegen. Die Frage ist, ob eine derartige Gesellschaft im Inland als rechts- und handlungsfähig angesehen wird. Nach § 12 IPRG ist dies nach dem Personalstatut zu beurteilen. Dieses ist bei juristischen Personen nach dem Recht jenes Staates, in dem der Rechtsträger den **tatsächlichen Sitz seiner Hauptverwaltung** hat, zu beurteilen (§ 10 IPRG); der Verwaltungssitz ist jener Ort, an dem die wesentlichen Geschäftsführungsentscheidungen getroffen werden. Nach dieser sog **Sitztheorie** ist nach dem Recht dieses Staates unter anderem zu prüfen, ob die Gesellschaft nach inländischen Vorschriften rechtswirksam errichtet wurde. Die konsequente Umsetzung der Sitztheorie hätte zur Folge, dass bei einer Verlegung des Hauptsitzes nach Österreich (als „Zuzugsstaat") die Gesellschaft hier neu errichtet werden müsste, wenn zB die Mindestkapitalaufbringungsvorschriften im Inland strenger sind als in jenem Land, in dem die betreffende Gesellschaft gegründet wurde.

III. Sitztheorie versus Niederlassungsfreiheit

Der EuGH hat in den Entscheidungen **„Centros"** (Rs C-212/97), **„Überseering"** (Rs C-208/00) und **„Inspire Art"** (Rs C-167/01) mehrfach festgehalten, dass die Sitztheorie mit der **Niederlassungsfreiheit** (Art 49 [ex-Art 43] und Art 54 [ex-Art 48] AEUV) im Widerspruch steht und gemeinschaftsrechtswidrig ist. Insbesondere in der Entscheidung **„Inspire Art"** hat der EuGH klargestellt, dass nicht nur die Rechts- und Parteifähigkeit einer aus einem Mitgliedstaat zugezogenen Gesellschaft anzuerkennen sei, sondern auch ihr gesamtes Gründungsstatut; eine Angleichung an das Recht des Zuzugstaates sei nicht erforderlich.

Für den EuGH liegt auch **kein Missbrauch der Niederlassungsfreiheit** vor, wenn die Gründung einer Gesellschaft in einem Mitgliedstaat erfolgt, dessen gesellschaftsrechtliche Vorschriften die größtmögliche Freiheit (zB bei der Kapitalaufbringung) erlauben. Selbst dann, wenn die Gründung mit der (ausschließlichen) Zielsetzung erfolgt, ausschließlich in einem anderen Mitgliedstaat die Tätigkeit über eine Zweigniederlassung auszuüben, läge kein Missbrauch der Niederlassungsfreiheit vor. In der **„Überseering"**-Entscheidung hat der EuGH seine bisherige Judikatur wiederholt, dass der Gründungsstaat eine Gesellschaft beim Wegzug auflösen könne und nicht verpflichtet sei, die von ihm verliehene Rechtspersönlichkeit nach der Sitzverlegung (Verwaltungssitz) weiterhin anzuerkennen.

Die „**Cartesio**-Entscheidung" (Rs C-210/06) betraf eine ungarische KG, die ihren Verwaltungssitz nach Italien verlegen wollte; der Satzungssitz sollte nach wie vor in Ungarn sein. Das Handelsregistergericht in Ungarn verweigerte die Eintragung des italienischen Verwaltungssitzes und damit den „Wegzug" der Gesellschaft. Der EuGH kam zum Ergebnis, dass einem Mitgliedstaat das Recht zustehe, einer nach seiner Rechtsordnung gegründeten Gesellschaft Beschränkungen hinsichtlich der Verlegung ihres tatsächlichen Verwaltungssitzes aus seinem Hoheitsgebiet aufzuerlegen, damit sie die ihr nach dem Recht dieses Staates zuerkannte Rechtspersönlichkeit beibehalten kann. **Wegzugsbeschränkungen** stünden der Niederlassungsfreiheit nicht entgegen; sowohl die Gründung als auch die Beendigung einer Gesellschaft sind nach Ansicht des EuGH der Niederlassungsfreiheit vorgelagerte Fragen. Die Rechtsordnung des Wegzugsstaates dürfe allerdings die Gesellschaft nicht daran hindern, sich ohne Liquidation in eine Gesellschaft des Zuzugsstaates umzuwandeln.

Im Fall **„Sevic"** hat der EuGH (Rs C-411/03) entschieden, dass auch grenzüberschreitende Verschmelzungen in den Anwendungsbereich der Art 49 [ex-Art 43] und Art 54 [ex-Art 48] AEUV fallen. Die grenzüberschreitende Verschmelzung von Kapitalgesellschaften aus verschiedenen Mitgliedstaaten der EU ist mittlerweile in der RL 2005/56/EG reglementiert und wurde in Österreich durch das EU-VerschG umgesetzt.

Zuletzt hatte sich der EuGH in der Rechtssache **„Vale"** (C-378/10) mit der Frage der Zulässigkeit von Maßnahmen in einem Mitgliedstaat befasst, die eine **„grenzüberschreitende Umwandlung"** beschränken. Dieser Rechtsvorgang verdient insofern besondere Bedeutung, weil er bislang auf europäischer Ebene noch nicht gesetzlich geregelt ist. Ausgangspunkt war eine im Handelsregister von Rom eingetragene „VALE Costruzioni Srl" (eine Gesellschaft mit beschränkter Haftung italienischen Rechts), die ihren Sitz und ihre Tätigkeit nach Ungarn verlegen wollte und sich unter Wechsel des anwendbaren Rechts in die ungarische „VALE Építési kft" umwandeln wollte. Der Geschäftsführer von „VALE Costruzioni Srl" und eine weitere natürliche Person schlossen in Rom den Gesellschaftsvertrag der „VALE Építési kft", um ihre Eintragung in das ungarische Handelsregister zu erwirken. Ferner wurde das nach ungarischem Recht für die Eintragung in das Handelsregister erforderliche Gesellschaftskapital eingezahlt. Der Vertreter von „VALE Építési" beantragte beim Gerichtshof Budapest die Eintragung der Gesellschaft nach ungarischem Recht. In seinem Antrag gab er „VALE Costruzioni" als Rechtsvorgängerin von „VALE Építési" an. Das Gericht erster Instanz wies den Eintragungsantrag zurück; das Gericht zweiter Instanz bestätigte diesen Zurückweisungsbeschluss. Nach Ansicht dieses Gerichts kann eine in Italien gegründete und eingetragene Gesellschaft aufgrund der in Ungarn geltenden Rechtsvorschriften für Gesellschaften ihren Gesellschaftssitz nicht nach Ungarn verlegen und sich nicht in der beantragten Form eintragen lassen. Unter Hinweis auf seine Ausführungen in der Sevic-Entscheidung stellt der EuGH erneut klar, dass eine grenzüberschreitende Umwandlung grundsätzlich zu den wirtschaftlichen Tätigkeiten gehört, hinsichtlich derer die Mitgliedstaaten die Niederlassungsfreiheit beachten müssten. Ermöglicht eine nationale Regelung zwar für inländische Gesellschaften eine Umwandlung, lässt aber nicht zu, dass eine dem Recht eines anderen Mitgliedstaats unterliegende Gesellschaft in eine inländische Gesellschaft (mittels Gründung der letztgenannten Gesellschaft) umgewandelt wird, widerspricht dies Art 49 und 54 AEUV.

Der OGH hatte sich im Jahr 2014 mit der Frage der grenzüberschreitenden Sitzverlegung auseinanderzusetzen. Nach Auffassung des OGH können Gesellschaften, die nach dem Recht eines anderen EWR-Vertragsstaats gegründet wurden, sich in eine österreichische Gesellschaft identitätswahrend umwandeln, wenn zugleich der Verwaltungssitz nach Österreich verlegt wird, die Gesellschaft sämtliche Voraussetzungen erfüllt, die nach dem Recht des Wegzugsstaats für eine solche Umwandlung bestehen und die Gesellschaft die Anforderungen an eine österreichische Gesellschaft (insbesondere in Bezug auf Satzung, Kapitalausstattung, Organbesetzung) erfüllt.

E. Einteilung der Gesellschaften

Zur Systematisierung der Vielzahl der Gesellschaftsformen bieten sich mehrere Gliederungsaspekte an. Die geläufigsten sollen hier kurz erörtert werden:

I. Gesellschaft ieS und Verein (Körperschaft)

Diese Unterscheidung stellt auf die mehr oder weniger verselbständigte Einheit des Personenzusammenschlusses ab.

1. Kennzeichnend für die **Gesellschaften ieS** ist die **geschlossene Mitgliederzahl**. Die Mitglieder der Gesellschaft sind die Rechtsträger, die Gesellschaft ieS selbst besitzt nach traditioneller Auffassung **keine** eigene Rechtspersönlichkeit in dem Sinn, dass sie eine **juristische Person** ist. Dementsprechend **haften** auch die Gesellschafter für Gesellschaftsschulden mit ihrem Privatvermögen. Weiters ist charakteristisch, dass die Mitglieder die Geschäfte führen und die Gesellschaft vertreten (Prinzip der **Selbstorganschaft**). Dieser Grundsatz dient auch dem Selbstschutz der Gesellschafter: gesellschaftsfremde Personen könnten leichtfertig Rechtshandlungen setzen, ohne sich dem Risiko der unbeschränkten Haftung aussetzen zu müssen. Ein Gesellschafter wird vorsichtig agieren, weil er gerade diesem Risiko ausgesetzt ist.

   Zu den Gesellschaften ieS werden die GesbR, die OG, die KG, die EWIV sowie die stille Gesellschaft gezählt.

2. Vereine **(Körperschaften)** hingegen sind **juristische Personen**. Aufgrund ihrer rechtlichen Selbständigkeit sind sie von ihren Mitgliedern nicht abhängig, sodass ein Gesellschafterwechsel ohne Probleme möglich ist **(offene Mitgliedschaft)**. Wegen der rechtlichen Trennung zwischen Gesellschaft und deren Gesellschaftern **haftet** für Gesellschaftsschulden grundsätzlich nur die **Gesellschaft**. Zur Geschäftsführung und Vertretung können auch Gesellschaftsfremde als handelnde Organe bestellt werden (Prinzip der **Fremdorganschaft**).

   Zu den Vereinen (Körperschaften) zählen die Vereine nach dem VerG (zB Sportvereine, Kulturvereine, karitative Vereine), die AG, die GmbH, die Genossenschaft und die SCE, Sparkassenvereine, der Versicherungsverein auf Gegenseitigkeit sowie die SE.

II. Innen- und Außengesellschaft

Bei den **Innengesellschaften** bestehen die gesellschaftlichen Beziehungen nur im Verhältnis der Gesellschafter untereinander. Dritten gegenüber tritt die Gesellschaft als solche nicht in Erscheinung. **Außengesellschaften** hingegen treten im Rechtsverkehr mit Dritten als Gesellschaft auf.

Eine Innengesellschaft ist nur die **stille Gesellschaft**. Die **GesbR** kann sowohl eine Innen- als auch eine Außengesellschaft sein (siehe Seite 76).

III. Personen- und Kapitalgesellschaften

Am geläufigsten ist die Unterscheidung zwischen Personen- und Kapitalgesellschaften. Diese Unterscheidung stellt darauf ab, ob der gemeinsam verfolgte Zweck mehr durch **persönlichen Einsatz** oder mehr durch **unpersönlichen, beschränkten Kapitaleinsatz** der Gesellschafter erreicht werden soll. Das typische Leitbild von Personen- und Kapitalgesellschaften lässt sich kurz folgendermaßen beschreiben:

1. Wesensmerkmal der **Personengesellschaft** ist der personenbezogene Aufbau der Gesellschaft. Die Mitgliedschaft ist daher grundsätzlich nicht übertragbar und unvererblich. Das Ausscheiden eines Gesellschafters etwa durch Tod oder Konkurs führt nach dem gesetzlichen Leitbild zur Auflösung

der Gesellschaft. Nach dem gesetzlichen Leitbild sind die Gesellschafter in der Gesellschaft tätig und beziehen ihren Lebensunterhalt aus der Gesellschaft. Typischerweise besteht eine Personengesellschaft nur aus wenigen Gesellschaftern, die ihr Zusammenwirken in der Gesellschaft grundsätzlich selbst regeln sollen (siehe § 108 UGB, § 1181 ABGB).

Zu den Personengesellschaften werden die GesbR, die OG, die KG, die EWIV und die stille Gesellschaft gezählt.

2. **Kapitalgesellschaften** sind hingegen auf einer bloßen Kapitalbeteiligung der Gesellschafter aufgebaut. Vielfach – insbesondere bei der AG – bestehen keine persönlichen Kontakte zwischen den Gesellschaftern. Die Mitglieder arbeiten grundsätzlich auch nicht in der Gesellschaft mit. Ein Gesellschafterwechsel vollzieht sich grundsätzlich ohne Zustimmung der Mitgesellschafter. Da eine Kapitalgesellschaft typischerweise aus einer Vielzahl von Gesellschaftern besteht, wäre eine Einigung über das Zusammenwirken in der Gesellschaft möglicherweise schwer zu erzielen. Die gesetzlichen Regeln haben daher Vorrang; der Gesellschaftsvertrag kann davon nur abweichen, wenn es das Gesetz zulässt.

   Zu den Kapitalgesellschaften zählen die AG, die GmbH und die SE. Gelegentlich wird auch der große Versicherungsverein auf Gegenseitigkeit dieser Kategorie zugeordnet.

3. Weder in die Kategorie der Personen- bzw Kapitalgesellschaft passt die **Genossenschaft**, die Elemente beider Gruppen aufweist. Gleiches gilt für den kleinen Versicherungsverein auf Gegenseitigkeit. Auch **Vereine** nach dem VerG sind weder den Personen- noch den Kapitalgesellschaften zuzuordnen.

ZWEITER ABSCHNITT
DIE OFFENE GESELLSCHAFT (OG)

Achtung: Paragraphen ohne Gesetzesangabe beziehen sich auf das UGB!

Vorbemerkungen:

Der Begriff „OG" wird seit dem 1. 1. 2007 anstelle der bis zu diesem Zeitpunkt gebräuchlichen Bezeichnung „OHG" (Offene Handelsgesellschaft) verwendet. Mit diesem im UGB neu geschaffenen Begriff wurden nicht nur die bis zu diesem Zeitpunkt bestehenden OHG, sondern auch die ehemaligen Offenen Erwerbsgesellschaften (OEG) erfasst.

Mit Stichtag 1. 1. 2015 waren in Österreich 18.690 Offene Gesellschaften im Firmenbuch eingetragen. Demgegenüber sind 43.033 Kommanditgesellschaften registriert. Ungeachtet der Tatsache, dass es weitaus mehr KG als OG gibt, wird die OG hier ausführlicher als die KG behandelt. Denn die Vorschriften über die OG kommen in weiten Teilen auch für die KG (siehe § 161 Abs 2) sowie die EWIV (siehe § 1 EWIVG) zur Anwendung und waren außerdem Vorbild für das GesbR-RG.

A. Begriff, Rechtsnatur und Rechtsquellen

I. Begriff

Die Legaldefinition der OG findet sich in § 105. Demnach ist eine OG eine unter eigener Firma geführte Gesellschaft, bei der die Gesellschafter gesamthandschaftlich verbunden sind und bei keinem der Gesellschafter die Haftung gegenüber den Gesellschaftsgläubigern eingeschränkt ist; sie kann durch mindestens zwei Personen zu jedem erlaubten Zweck errichtet werden. Besondere **Wesensmerkmale der OG** sind somit:

1. **Zweckoffenheit, Zweckneutralität:** Eine OG kann zu jedem **erlaubten Zweck** gegründet werden; unzulässig wäre ein gesetz- oder sittenwidriger Zweck iSd § 879 ABGB. § 105 erwähnt ausdrücklich, dass eine OG auch zum Zweck einer freiberuflichen oder land- und forstwirtschaftlichen Tätigkeit gegründet werden kann. Selbst für ideelle Zwecke oder für eine bloß vermögensverwaltende Tätigkeit steht die OG zur Verfügung; eine unternehmerische Tätigkeit ist nicht erforderlich. Einschränkungen können sich allerdings aus anderen Gesetzen ergeben. So bestimmt etwa § 5 Abs 1 Z 1 BWG, dass eine Konzession für den Betrieb von Bankgeschäften nur einem Kreditinstitut in der Rechtsform einer Kapitalgesellschaft, einer Genossenschaft oder einer Sparkasse erteilt werden kann.
2. **Eigene Firma:** Die OG tritt im Rechtsverkehr unter ihrer eigenen Firma auf. Diese muss den Vorschriften der §§ 17 ff entsprechen (siehe hierzu im Einzelnen ORAC-RS UR Allgemeines Unternehmensrecht[8], 4. Abschnitt). Die ursprüngliche Firma der OG kann wahlweise eine Namens-, Sach- oder Fantasiefirma oder eine beliebige Kombination der drei soeben genannten Typen sein. Nach § 19 Abs 1 Z 2 ist zwingend der Rechtsformzusatz „offene Gesellschaft" oder eine allgemein verständliche Abkürzung dieser Bezeichnung (insbesondere „OG") in die Firma aufzunehmen. Eine Ausnahme besteht für Gesellschaften, die bereits vor dem 1. 1. 2007 im Firmenwortlaut den Zusatz „OHG" geführt haben. Gemäß § 907 Abs 4 Z 2 kann dieser Zusatz zeitlich unbefristet beibehalten werden. Wird eine Namensfirma gewählt, so ist zu beachten, dass nach § 20 nur der Name eines unbeschränkt haftenden Gesellschafters verwendet werden darf.
3. **Unbeschränkte Haftung:** Die Haftung gegenüber den Gesellschaftsgläubigern darf bei **keinem Gesellschafter beschränkt** sein. Eine Beschränkung der Haftung aller oder einzelner Gesellschafter aufgrund einer gesonderten Vereinbarung mit einem Gläubiger ist allerdings möglich. Ebenso zu-

lässig ist, dass im **Innenverhältnis** eine abweichende Vereinbarung unter den Gesellschaftern getroffen wird.

> **Beispiel:** Unter den Gesellschaftern einer OG wird vereinbart, dass A nur bis zu einem Betrag von € 10.000 für Gesellschaftsschulden haften soll. Wird A nun von einem Gesellschaftsgläubiger mit einem Betrag in Höhe von € 50.000 in Anspruch genommen, so kann er sich dem Gläubiger gegenüber nicht auf die intern vereinbarte Haftungsbeschränkung berufen, sondern ist zur Befriedigung des Gläubigers verpflichtet. Aufgrund der Vereinbarung kann A bei den Mitgesellschaftern regressieren.

4. **Gesamthandschaftliche Verbundenheit:** Mit diesem historisch geprägten Begriff soll zum Ausdruck gebracht werden, dass die OG strukturell nicht der Kapitalgesellschaft gleichgestellt ist. Es sollen dadurch die Charakteristika der Personengesellschaft zum Ausdruck gebracht werden, nämlich
   - die unbeschränkte Haftung aller Gesellschafter für Gesellschaftsschulden,
   - das Prinzip der Selbstorganschaft (Geschäftsführung und Vertretung nur durch Gesellschafter),
   - das Einstimmigkeitsprinzip für Entscheidungen und
   - die grundsätzliche Unübertragbarkeit der Gesellschaftsanteile an Personengesellschaften (§ 124 Abs 1).
5. **Keine Einmann-Gesellschaft:** § 105 letzter Satz hält ausdrücklich fest, dass einer OG mindestens zwei Gesellschafter angehören müssen. Scheidet der vorletzte Gesellschafter aus, so erlischt die Gesellschaft ohne Liquidation (§ 142); das Gesellschaftsvermögen geht im Wege der Gesamtrechtsnachfolge auf den „letzten" Gesellschafter über.

II. Rechtsnatur

1. **Rechtsfähiges Gebilde:** Nach § 105 Satz 2 ist die OG **rechtsfähig**; sie ist daher ein Rechtssubjekt. Sie kann Rechte erwerben und Verbindlichkeiten eingehen, unter ihrer Firma klagen und geklagt werden usw, ist „grundbuchsfähig" und insolvenzfähig (§ 67 Abs 1 IO und § 164 IO). Hinsichtlich der Rechtsfähigkeit besteht daher kein Unterschied zwischen einer OG und einer GmbH oder AG. Auch im Bereich des öffentlichen Rechts wird die Rechtsfähigkeit der OG anerkannt. So ist die OG gewerberechtsfähig; dh, sie kann ein Gewerbe ausüben (siehe § 9 GewO).

> **Beachte:** Ist für die Ausübung eines Gewerbes („reglementiertes Gewerbe" iSd § 94 GewO; zB Baumeistergewerbe, Augenoptiker, Versicherungsvermittlung) die Erbringung eines Befähigungsnachweises erforderlich, so muss die OG einen sog „gewerberechtlichen Geschäftsführer" (§ 39 GewO) bestellen. Dieser muss entweder ein Gesellschafter, der geschäftsführungs- und vertretungsbefugt ist, oder ein mindestens halbbeschäftigter, voll sozialversicherungspflichtiger Arbeitnehmer sein.

Ungeachtet der vollen Rechtsfähigkeit ist die OG (ebenso wie die KG) nach noch hM und hRsp **keine juristische Person**. Sie habe zwar ein solches Ausmaß an rechtlicher Selbständigkeit, dass sie im Rechtsverkehr wie eine juristische Person behandelt werde (daher der Begriff „Quasi-juristische Person"), ohne es aber zu sein. Versteht man unter einer juristischen Person eine Organisation mit Rechtspersönlichkeit, die Rechte und Pflichten wie eine natürliche Person hat (vgl § 26 ABGB), so ist die von der hL und hRsp vertretene Ansicht schwer nachvollziehbar. Begründet wurde sie bislang hauptsächlich mit Art 7 Nr 9 EVHGB, wonach das Gesellschaftsvermögen „gemeinschaftliches Vermögen der Gesellschafter" (und nicht der Gesellschaft als eigenständiges Rechtssubjekt!) ist.

Diese Bestimmung, die eigentlich im Widerspruch zu § 124 HGB stand, wurde durch das HaRÄG ersatzlos gestrichen. Nunmehr ist das Gesellschaftsvermögen allein der OG zuzuordnen; sie allein ist Schuldnerin, Gläubigerin, Eigentümerin usw. Ein weiteres Argument gegen die Qualifikation der OG als juristische Person lieferte das sog **Normativsystem**, welches das Entstehen eines Rechtsträgers von einem konstitutiven hoheitlichen Akt (zB Eintragung ins Firmenbuch) abhängig macht. Eine OHG konnte früher auch schon vor der Eintragung im Firmenbuch entstehen. Auch diese Begründung ist mit dem Inkrafttreten des UGB nicht mehr tragend, weil nach § 123 Abs 1 eine OG immer erst mit Eintragung im Firmenbuch entsteht. Bedauerlicherweise hat das UGB die Frage, ob die OG eine juristische Person ist, offen gelassen, sie aber auch nicht verneint. Vieles spricht jedenfalls dafür, die hA kritisch zu hinterfragen. Anzumerken ist allerdings, dass in anderen Gesetzen die eingetragene Personengesellschaft der juristischen Person begrifflich gegenübergestellt wird (vgl zB § 67 Abs 1 IO, § 9 GewO, § 12a Abs 3 MRG, § 9 ZustellG). In anderen Gesetzen, wie zB § 3 PSG, § 2 Z 5 PartG, § 1 Abs 2 SpG, § 3 Z 14 und 19 TKG, wird die OG/KG nicht erwähnt, sondern nur auf natürliche und juristische Personen Bezug genommen; fraglich ist daher, ob diese genannten Bestimmungen auf die OG/KG zur Anwendung gelangen. Bemerkenswert ist auch § 4 Z 14 Pyrotechnikgesetz 2010: Im Geltungsbereich dieses Gesetzes ist eine eingetragene Personengesellschaft eine juristische Person (ähnlich auch Art 1 § 1 Punkt xii Madrider Markenabkommen-Ausführungs-VO)!

2. **Unternehmereigenschaft**: Entgegen ursprünglicher Überlegungen wurde die OG nicht in den Kreis der Unternehmer kraft Rechtsform (§ 2) aufgenommen. Ob eine OG Unternehmer ist, richtet sich danach, ob sie ein Unternehmen iSd § 1 Abs 2 betreibt (vgl dazu ORAC-RS UR Allgemeines Unternehmensrecht[8], 2. Abschnitt); dies ist im Einzelfall zu prüfen. Die Zweckoffenheit erfordert nämlich nicht, dass eine OG ein Unternehmen betreiben muss (siehe oben unter I.1.). Auch aus der Übergangsbestimmung des § 907 Abs 2 ergibt sich, dass eine bis zum 31. 12. 2006 bestehende OHG oder OEG nur dann als Unternehmer gilt, sofern ihr Gegenstand auf eine unternehmerische Tätigkeit gerichtet ist. In einer viel kritisierten Entscheidung aus jüngerer Vergangenheit hat der OGH bezüglich der Unternehmereigenschaft einer natürlichen Person einerseits und einer OG/KG andererseits differenziert und einer KG, die lediglich ein Objekt gekauft und vermietet hat, schon die Unternehmereigenschaft mit der äußerst fragwürdigen Begründung zuerkannt, dass eine Personengesellschaft nicht „privat" vermieten könne. Maßgeblich kann aber nur sein, ob die OG/KG ein Unternehmen im Sinne des § 1 Abs 2 betreibt (dazu ORAC-RS UR Allgemeines Unternehmensrecht[8], 2. Abschnitt, Punkt D.II.). Die Klärung der Unternehmereigenschaft ist insofern von praktischer Bedeutung, weil damit auch die Frage verknüpft ist, welche Bestimmungen des UGB auf die OG/KG zur Anwendung gelangen.

III. Rechtsquellen

Die Vorschriften über die OG finden sich im Zweiten Buch des UGB in den §§ 105 bis 160. Ob und inwieweit die übrigen Bestimmungen des UGB auf die OG Anwendung finden, richtet sich nach dem Anwendungsbereich des jeweiligen Buches:

- Das **Erste Buch** (Allgemeine Bestimmungen; §§ 1 bis 58) kommt gem § 4 Abs 1 nur auf **Unternehmer** iSd §§ 1 bis 3 zur Anwendung. Betreibt eine OG kein Unternehmen, kommen nach dem Wortlaut des § 4 Abs 1 zB die Bestimmungen über die Firma, Prokura und Handlungsvollmacht auf eine nichtunternehmerische OG nicht zur Anwendung. In der Literatur hat man sich bereits für eine analoge Anwendung mancher Bestimmungen des Ersten Buchs (zB § 14, §§ 48 ff) auf eine nichtunternehmerisch tätige OG ausgesprochen. Zweifellos sind auf eine nichtunternehmerisch tätige OG die firmenrechtlichen Vorschriften anzuwenden; denn jede OG muss nach der Definition des § 105 eine Firma führen.

- Bezüglich der Anwendung des **Dritten Buchs** (**Rechnungslegung**; §§ 189 bis 283) auf eine OG ist seit Inkrafttreten des RÄG 2014 (mit dem die sog Bilanz-Richtlinie 2013/34/EU umgesetzt wurde) folgendermaßen zu differenzieren:
  - Eine OG ist nach § 189 Abs 1 Z 3 **rechnungslegungspflichtig**, wenn zumindest eine natürliche Person an ihr beteiligt ist und
    - die OG unternehmerisch tätig ist **und**
    - mehr als € 700.000 Umsatzerlöse an zwei aufeinanderfolgenden Geschäftsjahren erzielt.
    - In § 189 Abs 4 finden sich allerdings **zwei Ausnahmen**. Die Rechnungslegungsbestimmungen des Dritten Buchs sind **nicht anzuwenden**:
      - auf eine OG, die eine freiberufliche oder land- und forstwirtschaftliche Tätigkeit zum Gegenstand hat;
      - eine OG, die ein „Überschussrechner" iSd § 2 Abs 4 Z 2 EStG ist; eine Überschussrechnung ist aus steuerlicher Sicht nur bei bestimmten Einkunftsarten (insbesondere Einkünfte aus Kapitalvermögen, Vermietung und Verpachtung; siehe im Detail § 2 Abs 3 Z 3 bis 7 EStG) zulässig.
  - Eine OG ist nach § 189 Abs 1 Z 2 auch dann **rechnungslegungspflichtig**, wenn alle unmittelbaren oder mittelbaren Gesellschafter tatsächlich nur beschränkt haftbar sind (also keine natürliche Person als Gesellschafter beteiligt ist; man spricht von einer **„Kapitalgesellschaft & Co"**; siehe zu diesem Begriff unten Seite 70), weil die Gesellschafter
    - **Kapitalgesellschaften** iSd Anhangs I der Bilanz-Richtlinie (zB eine AG oder GmbH nach österreichischem oder deutschem Recht, eine Limited nach britischem oder irischem Recht) sind (§ 189 Abs 1 Z 2 lit a) **oder**
    - Gesellschaften sind, die zwar nicht dem Recht eines Mitgliedstaates der EU oder des EWR unterliegen, aber über eine Rechtsform verfügen, die mit einer **Kapitalgesellschaft** iSd Anhangs I der Bilanzrichtlinie **vergleichbar** sind (§ 189 Abs 1 Z 2 lit a) **oder**
    - keine natürlichen Personen sind, sondern die Gesellschafter eine sonstige Rechtsform wie zB Genossenschaft oder Verein haben (§ 189 Abs 1 Z 2 lit b).
- Das **Vierte Buch** (Unternehmensbezogene Geschäfte; §§ 343 bis 454) ist nur auf Unternehmer iSd §§ 1 bis 3 sowie auf juristische Personen des öffentlichen Rechts anzuwenden. Betreibt daher eine OG kein Unternehmen, kommt das Vierte Buch nicht zur Anwendung; sie wäre in diesem Fall Verbraucher iSd KSchG.

Subsidiär kommen auf die OG auch die für die GesbR geltenden Bestimmungen des 27. Hauptstücks des ABGB (§§ 1175 ff) zur Anwendung (§ 1175 Abs 4 ABGB).

B. Die Gründung der OG

I. Abschluss des Gesellschaftsvertrages

Wie bei allen Personengesellschaften bedarf es zur Gründung einer OG eines formfreien (mündlich, schriftlich oder schlüssig) **Gesellschaftsvertrages** mindestens zweier Gesellschafter. Anders als bei einer GmbH (vgl § 4 GmbHG) oder AG (vgl § 17 AktG) ist ein gesetzlicher Mindestinhalt nicht vorgeschrieben. Bestimmte Formvorschriften können sich aus sonstigen gesetzlichen Bestimmungen ergeben.

Beispiele: Gesellschaftsverträge unter Ehegatten kommen grundsätzlich zwar formfrei zustande; hat der Vertrag aber den Charakter eines Ehepakts (weil die Ehepartner ihr wesentliches Vermögen in die Gesellschaft einbringen), unterliegt er der Notariatsaktspflicht (§ 1 Abs 1 NotaktsG). § 23 Abs 1 UmgrStG verlangt einen schriftlichen Zusammenschlussvertrag für die Inanspruchnahme der steuerlichen Begünstigungen des UmgrStG.

II. Gesellschafter

Gesellschafter einer OG kann jeder sein, der rechtsfähig ist. In Betracht kommen daher inländische und ausländische natürliche Personen, juristische Personen des Privatrechts wie eine GmbH, AG, Genossenschaft oder ein ideeller Verein, aber auch die von der hA nur als quasi-juristische Personen angesehene OG bzw KG. Möglich ist auch die Beteiligung einer juristischen Person des öffentlichen Rechts (zB einer Gemeinde). Hingegen können sich eine GesbR (siehe § 1175 Abs 2 ABGB), eine stille Gesellschaft und eine Erbengemeinschaft mangels Rechtsfähigkeit nicht als Gesellschafter beteiligen. Ebenso darf sich eine Stiftung nicht beteiligen, weil § 1 Abs 2 Z 3 PSG dies ausschließt. Eine Beteiligung eines Minderjährigen an einer OG bedarf der pflegschaftsbehördlichen Genehmigung (vgl § 167 Abs 3 ABGB); dies gilt sowohl für die Gründung als auch den späteren Beitritt zur Gesellschaft. Eine solche Genehmigung darf nur erteilt werden, wenn dies dem Kindeswohl entspricht. Dies ist unter Abwägung aller wirtschaftlichen Vor- und Nachteile aus der Beteiligung einschließlich der damit verbundenen Risiken zu beurteilen. Angesichts des unbeschränkten Haftungsrisikos ist die Beteiligung eines Minderjährigen an einer OG nicht genehmigungsfähig.

III. Vorgesellschaft, Entstehen der Gesellschaft

1. Grundsätzlich ist zwischen der **Errichtung** und dem **Entstehen** der OG zu differenzieren.
   - Die OG wird mit dem Abschluss des formfreien Gesellschaftsvertrages **errichtet**. Der Vertrag bindet die Gesellschafter im Innenverhältnis („pacta sunt servanda") und verpflichtet sie, die Gesellschaft auch nach außen hin entstehen zu lassen.
   - Die Gesellschaft **entsteht** mit der Eintragung im Firmenbuch (§ 123 Abs 1). Die Eintragung hat **konstitutive** Wirkung.
2. Der Zeitraum zwischen dem Abschluss des Gesellschaftsvertrages und der Eintragung der Gesellschaft wird als das Stadium der **Vorgesellschaft** bezeichnet. Wird in diesem Zeitraum bereits **im Namen** der noch nicht existenten OG gehandelt, so stellt sich die Frage, ob solche Handlungen Rechtswirkungen erzeugen. § 123 Abs 2 bestimmt, dass **alle Gesellschafter** berechtigt und verpflichtet werden, wenn Gesellschafter oder zur Vertretung der Gesellschaft bestellte Personen im Namen der Gesellschaft vor deren Eintragung handeln. Dies gilt auch dann, wenn die handelnde Person keine Vertretungsmacht hat oder diese überschreitet und der Dritte (Vertragspartner) diesen Mangel weder kannte noch kennen musste. Wird die OG ins Firmenbuch eingetragen, so tritt sie automatisch in die vor ihrer Eintragung eingegangenen Rechtsverhältnisse ein (vgl dagegen § 2 GmbHG und § 34 AktG).
3. Eine OG kann nicht nur **originär** („Neugründung"), sondern auch **derivativ** durch Umwandlung eines bereits existierenden Rechtsträgers entstehen. Folgende Fälle **derivativen Entstehens** sind möglich:
   - **Umwandlung einer GesbR in eine OG**: Nach § 8 Abs 3 sind die Gesellschafter einer GesbR verpflichtet, diese in eine OG (oder KG) zu wandeln und die Gesellschaft ins Firmenbuch einzutragen, wenn die GesbR den Schwellenwert für die Buchführungspflicht (siehe § 189) überschreitet. Bei einer Umwandlung einer GesbR geht das Gesellschaftsvermögen vom bisherigen Rechtsträger (dh Miteigentum der GesbR-Gesellschafter) auf einen neuen Rechtsträger (rechts-

fähige OG/KG) über. Es findet ein Eigentümerwechsel hinsichtlich des Gesllschaftsvermögens statt; daher liegt kein identitätswahrender Rechtsformwechsel vor, bei dem der Rechtsträger nur sein „Rechtskleid" ändert. Mit dem GesbR-RG wurde die Umwandlung in § 1206 ABGB geregelt und der Übergang des Gesellschaftsvermögens im Wege der Gesamtrechtsnachfolge ermöglicht (siehe unten Seite 88).

- **Umwandlung einer KG in eine OG**, wenn sämtliche Kommanditisten ausscheiden oder Komplementäre werden; dabei handelt es sich nur um einen bloßen „identitätswahrenden" Rechtsformwechsel, bei dem keine Abwicklung oder Vermögensübertragung stattfindet, weil nur ein Rechtsträger betroffen ist. Es wird also nicht Vermögen von einem Rechtsträger auf einen anderen übertragen. Dieser Vorgang ist vergleichbar mit der Umwandlung einer AG in eine GmbH (§§ 239 ff AktG) oder GmbH in AG (§§ 245 ff AktG).
- **Umwandlung einer Kapitalgesellschaft in eine OG** nach den Vorschriften des § 5 UmwG. Hier ändert sich der Rechtsträger: Stand das Gesellschaftsvermögen bisher im Eigentum einer GmbH oder AG, so geht es mit der Eintragung der Umwandlung im Firmenbuch im Wege der Gesamtrechtsnachfolge auf die OG über.

IV. Anmeldung und Eintragung ins Firmenbuch

1. Jede OG ist zur Eintragung in das Firmenbuch anzumelden (§§ 106, 107). Zur Anmeldung sind sämtliche Gesellschafter unabhängig von ihrer Geschäftsführungs- und Vertretungsbefugnis verpflichtet (§ 107 Abs 1). Weigern sich Gesellschafter bei der Anmeldung mitzuwirken, so können sie auf Mitwirkung geklagt werden. Die Gesellschafter können sich bei der Anmeldung auch vertreten lassen (§ 11 Abs 2). Der Nachweis der Vertretungsmacht ist durch eine Vollmacht in öffentlich beglaubigter Form (Beglaubigung der Echtheit der Unterschrift durch einen Notar oder das Gericht) zu erbringen. Die vertretungsbefugten Gesellschafter haben überdies ihre Namensunterschrift **(„Musterzeichnung")** beim Firmenbuchgericht zu hinterlegen. Nicht vorzulegen ist dagegen – anders als bei Kapitalgesellschaften – der Gesellschaftsvertrag.
2. Nach formeller und materieller Prüfung durch das Firmenbuchgericht erfolgt die Eintragung der Gesellschaft. Eintragungen, die in der Datenbank des Firmenbuchs vorgenommen werden, gelten gem Art XXIII Abs 15 FBG als bekanntgemacht und müssen nicht veröffentlicht werden. Dies gilt allerdings nur für Eintragungen über Einzelunternehmer und eingetragene Personengesellschaften. Eintragungen über andere Rechtsträger müssen hingegen bekanntgemacht und veröffentlicht werden.

Nähere Details zum Eintragungsverfahren siehe ORAC-RS UR Allgemeines Unternehmensrecht[8], 3. Abschnitt.

C. Die Regelung des Innenverhältnisses

I. Prinzip der Gestaltungsfreiheit

Das Rechtsverhältnis der Gesellschafter untereinander richtet sich primär nach dem **Gesellschaftsvertrag**. Nach dem gesetzlichen Leitbild besteht eine OG nur aus einem kleinen Gesellschafterkreis; es liegt daher in der Macht der Gesellschafter, durch eine Willensübereinstimmung ihre Rechtsbeziehungen zueinander zu regeln. Nur bei Fehlen einer vertraglichen Einigung kommen gem § 108 die gesetzlichen Vorschriften (§§ 109 bis 122) zur Anwendung. Der Verweis auf die §§ 109 bis 122 ist allerdings unvollständig; auch außerhalb der genannten Bestimmungen gibt es Regelungsbereiche, die das Innenverhältnis betreffen; so können die Gesellschafter etwa im Gesellschaftsvertrag weitere Auflösungsgründe (§ 131) vorsehen oder die Auflösungsgründe modifizieren bzw andere Rechtsfolgen bei Eintritt eines Auflösungsgrundes (zB Tod eines Gesellschafters; siehe dazu im Detail unten Seite 47) festlegen.

Die gesetzlichen Bestimmungen, die das Verhältnis der Gesellschafter untereinander regeln, sind daher lediglich **dispositiver Natur**. Vom Grundsatz der Gestaltungsfreiheit für das Innenverhältnis gibt es nur wenige Ausnahmen; zu den wichtigsten zählen:

- Das Austrittsrecht nach § 109 Abs 4 für den Fall, dass gegen den Willen des austrittsberechtigten Gesellschafters eine Nachschusspflicht beschlossen wird;
- Das Recht des Gesellschafters zur Niederlegung (= Kündigung) seiner Geschäftsführungsbefugnis aus wichtigem Grund ist unverzichtbar (§ 117 Abs 2);
- Das Kontrollrecht des Gesellschafters kann weder ausgeschlossen noch beschränkt werden (§ 118 Abs 2);
- Das Recht des Gesellschafters auf Kündigung des Gesellschaftsverhältnisses kann nicht ausgeschlossen oder in anderer Weise als durch angemessene Verlängerung der Kündigungsfrist erschwert werden (§ 132 Abs 2).

Gestaltungsschranken können sich schließlich auch aus allgemeinen gesellschaftsrechtlichen Grundsätzen ergeben, wie etwa dem Individualschutz des einzelnen Gesellschafters, wonach Rechte, die zum Kernbereich der Mitgliedschaft gehören, dem Gesellschafter nicht ohne dessen Zustimmung entzogen werden können (wie zB das Stimmrecht und das Gewinnbeteiligungsrecht). Letztlich zählen auch die gleich zu erörternden Grundsätze der Treuepflicht und Gleichbehandlung zu den Schranken vertraglicher Gestaltungsfreiheit.

II. Mitwirkungs- und Interessenwahrungspflicht, Gleichbehandlungsgebot

Das Rechtsverhältnis der Gesellschafter untereinander ist – wie auch bei den sonstigen Personengesellschaften – von grundlegenden Grundsätzen des Gesellschaftsrechts geprägt. Dazu zählt die **Treuepflicht** und der Grundsatz der **Gleichbehandlung** der Gesellschafter. Zwei Elemente der Treuepflicht, nämlich die Mitwirkungs- und Interessenwahrungspflicht, wurden durch das GesbR-RG nun auch in § 112 festgeschrieben.

1. **Mitwirkungs- und Interessenwahrungspflicht:** Die Gesellschafter sind sowohl untereinander wie auch im Verhältnis zur Gesellschaft zur **Loyalität** verpflichtet. Sie haben einerseits die Interessen der Gesellschaft, andererseits die persönlichen Interessen der einzelnen Mitgesellschafter zu berücksichtigen. § 112 Abs 1 verpflichtet die Gesellschafter unter Wahrung ihrer Rechte an der gesellschaftlichen Willensbildung und den zu treffenden Entscheidungen nach Kräften und mit gebotener Sorgfalt mitzuwirken; sie haben den Gesellschaftszweck und den Gegenstand der Gesellschaft redlich zu fördern und alles zu unterlassen, was den Gesellschaftsinteressen schadet. Der Gesellschaftsvertrag kann einen Gesellschafter von diesen Pflichten entbinden; nach den EB darf dies allerdings nicht so weit gehen, dass eine solche Befreiung von den Pflichten dem Wesen der Gesellschaft widersprechen würde.
2. **Gleichbehandlung:** Der Gleichbehandlungsgrundsatz als maßgebliches Leitbild des Gesellschaftsrechts verbietet eine willkürliche, sachlich nicht gerechtfertigte Ungleichbehandlung der Gesellschafter (§ 112 Abs 1 Satz 2). Von Bedeutung ist der Gleichbehandlungsgrundsatz etwa bei der Einforderung rückständiger Einlagen, bei der Verteilung des Gewinns, beim Entnahmerecht oder bei der Veränderung der Kapitalanteile. Dies bedeutet aber nicht, dass Rechte und Pflichten auf alle Gesellschafter zwingend gleich zu verteilen sind. Die Gesellschafter können beispielsweise eine Gewinnverteilung beschließen, die einen Gesellschafter bevorzugt (vgl § 108 iVm § 121).

III. Die Beitragspflicht der Gesellschafter

1. **Die Begriffe „Beitrag" und „Einlage":** Zur Verwirklichung des Gesellschaftszwecks verpflichten sich die Gesellschafter zur Leistung von Beiträgen. **Beiträge im weiteren Sinn** sind alle Leistungen,

die zur Erreichung des Gesellschaftszwecks förderlich sind: Allein schon der Beitritt eines Gesellschafters mit der damit verbundenen persönlichen Haftung kann zB die Kreditwürdigkeit der Gesellschaft erhöhen. Als Beitrag des Gesellschafters zur Zweckförderung kann auch die Verpflichtung zur Geschäftsführung und/oder Vertretung oder die Übernahme der Tätigkeit als gewerberechtlicher Geschäftsführer (vgl § 39 GewO) angesehen werden.

Unter **Beiträge im engeren Sinn** werden dagegen Vermögenswerte jeglicher Art verstanden, die von den Gesellschaftern geleistet werden und in das Gesellschaftsvermögen übergehen sollen. Das Gesetz verwendet hierfür den Ausdruck **„Einlagen"** (vgl § 109). Ob Einlagen zu leisten sind, bestimmt der Gesellschaftsvertrag. Für die Erlangung der Gesellschafterstellung ist die Leistung einer Einlage nicht Voraussetzung; bei Personengesellschaften gibt es – im Gegensatz zu Kapitalgesellschaften (siehe § 6 GmbHG bzw § 7 AktG) – keine Mindestkapitalaufbringungsvorschriften.

2. **Gegenstand und Höhe der Einlagenleistung: Gegenstand** der Einlage können Bar- oder Sachleistungen sein **(Bareinlage, Sacheinlage)**. Als Sacheinlagen kommen Vermögenswerte aller Art in Betracht.

Beispiele: Grundstücke, Wertpapiere, Patentrechte, Markenrechte, Lizenzen, Forderungen, Geschäftsbeziehungen, ein ganzes Unternehmen etc. Im Gegensatz zu den Kapitalgesellschaften (siehe zB § 20 Abs 2 AktG) können auch Verpflichtungen zu Dienstleistungen eines Gesellschafters als Einlage eingebracht werden, wobei im Regelfall die Leistung von Diensten nur ein Beitrag sein wird (siehe § 109 Abs 2 Satz 2), zumal alle Gesellschafter wie schon erwähnt persönlich an der Förderung des Gesellschaftszwecks mitzuwirken haben (siehe § 112 Abs 1).

Von den Gesellschaftern zu leistende Sacheinlagen sind zu **bewerten**; ihr Wert muss durch eine Geldsumme zum Ausdruck gebracht werden. Die Bewertung unterliegt dem freien Ermessen der Gesellschafter; sie hat nur Bedeutung für das Verhältnis der Gesellschafter untereinander. Gläubigerinteressen werden – anders als bei Kapitalgesellschaften – nicht berührt, weil die Gesellschafter für Verbindlichkeiten ohnedies persönlich und unbeschränkt haften. Ist die Gesellschaft nach dem 3. Buch des UGB rechnungslegungspflichtig, so legt § 202 den Maßstab für die Bewertung der Sacheinlagen für die Bilanz fest: Es ist derjenige Wert anzusetzen, der der Einlage im Zeitpunkt ihrer Leistung beizulegen ist **(Tageswert)**, soweit sich nicht aus der Nutzungsmöglichkeit im Unternehmen ein geringerer Wert ergibt.

Die **Höhe** der vom Gesellschafter zu leistenden Einlage richtet sich nach dem Gesellschaftsvertrag. Ohne entsprechende Abänderung ist ein Gesellschafter weder berechtigt noch verpflichtet, seine Einlage zu erhöhen oder zu vermindern.

3. **Art der Einlagenleistung:** Hier ist zwischen drei Einbringungsarten zu unterscheiden:

   - Einbringung **quoad dominium:** Die Einlage geht in das Eigentum der Gesellschaft über; der einbringende Gesellschafter verliert seine Eigentumsrechte an der eingebrachten Sache und erhält gleichsam als Gegenleistung einen Kapitalanteil und damit eine Beteiligung an der Gesellschaft. Der Titel für den Eigentumserwerb durch die Gesellschaft ist der Gesellschaftsvertrag; der Modus hängt vom Gegenstand der Einlage ab (zB Eintragung ins Grundbuch bei Liegenschaften; tatsächliche Übergabe bei körperlichen beweglichen Sachen; Zession von Forderungen, Indossament und Übergabe bei Orderpapieren). Wird ein Unternehmen als Sacheinlage eingebracht, sind überdies die §§ 38 f UGB zu beachten (siehe dazu im Detail ORAC-RS UR Allgemeines Unternehmensrecht[8], 5. Abschnitt).
   - Einbringung **quoad usum:** Die Sacheinlage (zB Maschine, Liegenschaft) wird der Gesellschaft bloß zur Nutzung überlassen. Diese Form der Einlagenleistung weist Ähnlichkeiten mit einem Bestandvertrag auf. Der einbringende Gesellschafter erhält für die Überlassung der Sache kein Nutzungsentgelt in Form einer Miete oder Pacht, sondern einen Kapitalanteil im Sinne einer Be-

teiligung an der Gesellschaft. Bei Ausscheiden des einbringenden Gesellschafters bzw bei Auflösung der Gesellschaft sind die bloß zur Nutzung überlassenen Gegenstände dem Einbringenden zurückzugeben (§ 137 Abs 1).

- Einbringung **quoad sortem:** Die Einlage wird zwar nach außen hin nicht Teil des Gesellschaftsvermögens, wird aber intern so behandelt, als ob die Gesellschaft Eigentümer wäre („Übertragung zu beschränktem Eigentum"). Im Innenverhältnis ist daher nur die Gesellschaft verfügungsbefugt. Nach außen ist aber weiterhin der Gesellschafter allein verfügungsberechtigt, ist aber im Innenverhältnis aufgrund der gesellschaftsvertraglichen Vereinbarung zu einem bestimmten Verhalten (nämlich Weisungen der Gesellschaft bezüglich der Verfügung über die Sache) verpflichtet. Der einbringende Gesellschafter ist **wie ein Treuhänder** (und damit als rechtlicher Eigentümer) zu behandeln; die OG ist hinsichtlich des quoad sortem eingebrachten Gegenstandes Treugeber (und damit wirtschaftlicher Eigentümer). Die Vermögensübertragung erfolgt durch das Besitzkonstitut („Besitzauftragung"; § 428 ABGB) als Form der Übergabe durch Erklärung: Der Übergeber als bisheriger rechtlicher und wirtschaftlicher Eigentümer (dh der einbringende Gesellschafter) hält nunmehr die Sache für den Erwerber als wirtschaftlichen Eigentümer (dh für die Gesellschaft). Verfügt der Gesellschafter entgegen der schuldrechtlichen Bindung über die Sache, so ist das Geschäft grundsätzlich wirksam (nach dem bekannten Grundsatz: „Der Treuhänder kann mehr, als er darf"!); der Gesellschafter macht sich aber schadenersatzpflichtig. Ein wirksamer Erwerb wird allerdings dann zu verneinen sein, wenn der Dritte den Treuhandmissbrauch kennt. Zu beachten ist auch, dass die Privatgläubiger des Gesellschafters Zugriff auf die Sache haben, da er nach außen weiterhin der Eigentümer bleibt. Ob die Gesellschaft als Treugeber der gegen den Treuhänder auf das Treugut geführten Exekution nach § 37 EO widersprechen kann bzw im Konkurs des Treuhänders ein Aussonderungsrecht hat, ist umstritten.

Auf welche der drei genannten Arten die Gesellschafter ihre Einlagen zu erbringen haben, richtet sich nach dem **Gesellschaftsvertrag** und allenfalls seiner Auslegung. Lässt sich dem Gesellschaftsvertrag nichts entnehmen, wird man im Zweifel von einer Einbringung quoad dominium ausgehen können.

4. **Zeitpunkt der Einlagenleistung:** Dieser richtet sich nach dem Gesellschaftsvertrag. Es kann zB vereinbart werden, dass Einlagen erst über Beschluss der Gesellschafter oder bei Einforderung durch die geschäftsführenden Gesellschafter zu leisten sind. Im Zweifel ist die Einlage sofort fällig. Für eine nicht rechtzeitig geleistete **Geldeinlage** hat der Gesellschafter Zinsen zu leisten (§ 111).

5. **Nachschusspflicht:** § 109 Abs 3 hält fest, dass die Gesellschafter grundsätzlich nicht verpflichtet sind, sog Nachschüsse über die vertraglich festgelegten Einlagen zu leisten. Gemeint sind damit weitere Einlagenleistungen, die mit einer Kapitalerhöhung bei einer AG oder GmbH vergleichbar sind. Der Gesellschaftsvertrag kann allerdings eine Nachschusspflicht vorsehen, die den Umfang der Pflicht hinreichend konkretisieren muss.

   Auch ohne gesellschaftsvertraglich vereinbarte Nachschusspflicht können die Gesellschafter nach § 109 Abs 4 sogar mit **Stimmenmehrheit** die Leistung von Nachschüssen ihrer Kapitalanteile beschließen, dies allerdings nur unter der Voraussetzung, dass ohne Nachschussleistung die Fortführung der Gesellschaft nicht möglich wäre. Jene Gesellschafter, die nicht für eine Nachschussleistung gestimmt haben, können selbstverständlich nicht gegen ihren Willen zu einer Leistung verpflichtet werden. § 109 Abs 4 Satz 2 räumt daher einem solchen Gesellschafter ein **Austrittsrecht** aus der Gesellschaft ein, das er innerhalb „angemessener Frist" ausüben kann. Das Austrittsrecht ist zwingend; der Gesellschafter kann nicht im Vorhinein darauf verzichten.

   Will der betreffende Gesellschafter gar nicht austreten, können die übrigen Gesellschafter eine Klage auf **Ausschluss des Gesellschafters** einbringen; der Gesellschafter kann durch gerichtliches Urteil ausgeschlossen werden. Unabhängig davon, ob der Gesellschafter austritt oder ausgeschlossen wird, treten die später (unten Seite 45) zu besprechenden Rechtsfolgen des Ausscheidens (§§ 137 f) ein. Insbesondere hat der betreffende Gesellschafter einen Abfindungsanspruch.

Zusammenfassender Überblick:

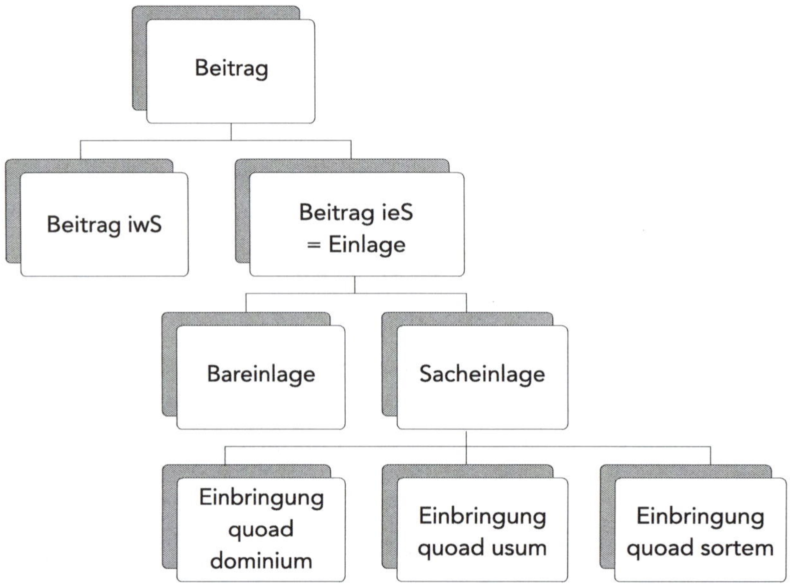

IV. Die Beteiligung des Gesellschafters an der Gesellschaft

1. **Kapitalanteil als Ausdruck der Beteiligung:** Leistet der Gesellschafter eine Einlage, so erhält er faktisch als Gegenleistung eine Beteiligung an der Gesellschaft (**„Kapitalanteil"**). Die Einlage des Gesellschafters, bei Sacheinlagen auch die Bewertung derselben und damit die Höhe des Kapitalanteils des jeweiligen Gesellschafters ist im Gesellschaftsvertrag zu vereinbaren. Fehlt eine solche Festlegung oder ist sie nur lückenhaft, enthält § 109 dispositive Regeln:

   - Mangels abweichender Vereinbarung im Gesellschaftsvertrag bestimmt sich die Beteiligung an der Gesellschaft nach dem Verhältnis des Wertes der vereinbarten Einlagen (§ 109 Abs 1); diese Wertrelation ist auch die geläufigste Form in Gesellschaftsverträgen.
   - Im Zweifel sind die Gesellschafter zu gleichen Teilen beteiligt (§ 109 Abs 1).
   - Mangels anderer Vereinbarung sind die Gesellschafter im gleichen Ausmaß zur Mitwirkung verpflichtet (§ 109 Abs 2).

> **Beachte:** Verpflichtet sich ein Gesellschafter zur Leistung von Diensten, so ist dies nach § 109 Abs 2 im Zweifel also nur ein Beitrag iwS, aber keine Einlage. Man spricht in diesem Fall vom sog **„Arbeitsgesellschafter"**; dieser ist zwar Gesellschafter, aber nicht (vermögensmäßig) an der Gesellschaft beteiligt. Die Abgeltung seiner Tätigkeit erfolgt über einen angemessenen Anteil am Gewinn (siehe unten Seite 26). Es kann aber auch vereinbart sein, dass die versprochene Arbeitsleistung geldmäßig bewertet und als Sacheinlage geleistet wird. In diesem Fall hat der Gesellschafter einen Kapitalanteil und ist an der Gesellschaft beteiligt.

2. **Bedeutung:** Der Kapitalanteil spiegelt die in einer Geldsumme zum Ausdruck gebrachte **wirtschaftliche Beteiligung** des Gesellschafters wider. Bedeutung besitzt der Kapitalanteil insbesondere für die Verteilung des Gewinns (§ 121), die Berechnung des Abfindungsguthabens bei Ausschei-

den aus der Gesellschaft (vgl § 137 Abs 2), die Bestimmung der Liquidationsquote bei Auflösung der Gesellschaft (§ 155 Abs 1) und auch für das Stimmrecht (vgl § 119 Abs 2).

3. **Verbuchung:** Der Kapitalanteil des jeweiligen Gesellschafters lässt sich seinem **Kapitalkonto** entnehmen. Für jeden Gesellschafter wird ein eigenes Kapitalkonto errichtet; auf diesem Konto wird die Bareinlage oder die in Geld ausgedrückte Sacheinlage des Gesellschafters verbucht. In der Jahresbilanz findet man die Kapitalkonten auf der Passivseite als Teil des Eigenkapitals (siehe § 198 Abs 1). In der Praxis ist das Kapitalkonto „starr" (System der festen Kapitalkonten), dh es wird nur die ursprüngliche Einlage (und eine allenfalls spätere Erhöhung oder Herabsetzung der Einlage) auf diesem Konto erfasst. Gewinne, Verluste und Entnahmen werden auf einem zweiten Konto (mit in der Praxis unterschiedlicher Bezeichnung wie „Privatkonto", „Verrechnungskonto" oder „Kapitalkonto II") verbucht. Gelegentlich werden für jeden Gesellschafter sogar drei Konten geführt: Verluste werden auf einem eigenen Konto („Verlustvortragskonto") gebucht.
4. **Unterschied zum Gesellschaftsanteil:** Während der Kapitalanteil die wertmäßige Erfassung der Einlage und damit die vermögensmäßige Beteiligung darstellt, umschreibt der Begriff **„Gesellschaftsanteil"** die mitgliedschaftlichen Rechte (wie zB den Gewinnanspruch und das Entnahmerecht, das Stimmrecht) und Pflichten des Gesellschafters. Der Gesellschaftsanteil entspricht dem Geschäftsanteil bei der GmbH oder der Aktie bei der AG; er wird aber nicht (wie es bei einer Aktie möglich wäre) in Form eines Wertpapiers verbrieft. Die Übertragung bedarf der Zustimmung aller Gesellschafter (§ 124 Abs 1), es sei denn, dass der Gesellschaftsvertrag dies ohne Zustimmung oder sonstige Beschränkungen zulässt (siehe unten Seite 47).
5. **Trennung zwischen Gesellschafts- und Gesellschaftervermögen:** Wie erwähnt drückt der Kapitalanteil die vermögensmäßige Beteiligung des Gesellschafters an der Gesellschaft aus. Beteiligung an der Gesellschaft ist aber nicht in dem Sinne zu verstehen, dass das Vermögen der Gesellschaft dem Gesellschafter „gehört"; sachenrechtlich ist das Vermögen der OG als Rechtsubjekt zuzuordnen. Das (Privat-)Vermögen des Gesellschafters und das Gesellschaftsvermögen sind strikt voneinander zu trennen. Das UGB ordnet an mehreren Stellen die rechtliche Trennung zwischen diesen unterschiedlichen Vermögensmassen an, die auch von den Gläubigern und Schuldnern der Gesellschaft zu beachten ist:
   - Ein Schuldner der Gesellschaft kann **nicht** mit einer ihm gegen einen Gesellschafter zustehenden Forderung **aufrechnen** (§ 124 Abs 2). Hat jemand eine Verbindlichkeit gegenüber der OG, so kann er nur mit einer Forderung gegen die Gesellschaft aufrechnen.
   - Hat ein Gläubiger der OG einen Exekutionstitel (zB gerichtliches Urteil, Zahlungsbefehl; siehe § 1 EO) gegen die OG erwirkt, so kann er nicht Zwangsvollstreckung gegen einen Gesellschafter führen (§ 129 Abs 4).

   > **Beispiel:** Ein Handwerker klagt eine OG auf Zahlung des Werklohns. Nach Rechtskraft des Urteils beantragt der Handwerker die Exekution auf das bewegliche Vermögen der OG und deren Gesellschafter, weil die OG nach wie vor nicht leistet. Die Zwangsvollstreckung gegen die Gesellschafter kann vom Exekutionsgericht nicht bewilligt werden, weil der Handwerker nur die OG, nicht aber auch gleichzeitig deren Gesellschafter geklagt hat.

   - Umgekehrt ist zur Zwangsvollstreckung in das Vermögen der OG ein Exekutionstitel gegen die Gesellschaft erforderlich. Ein Titel gegen einen, mehrere oder sogar alle Gesellschafter reicht nicht aus. Dieser Grundsatz war früher ausdrücklich in § 124 Abs 2 HGB verankert, wird aber im UGB nicht mehr ausdrücklich erwähnt. Die EB begründen das Fehlen einer expliziten Vorschrift damit, dass dieses Prinzip ohnedies selbstverständlich sei.

V. Gewinn- und Verlustverteilung

1. **Basis für die Verteilung:** Eine Verteilung des Gewinnes bzw eines allfälligen Verlustes erfolgt bei einer nach §§ 189 ff rechnungslegungspflichtigen OG (siehe oben Seite 17f) aufgrund eines von den geschäftsführenden Gesellschaftern aufzustellenden und von allen Gesellschaftern zu beschließenden sowie zu unterzeichnenden Jahresabschlusses (§ 120). Ist die OG nicht rechnungslegungspflichtig, so ist der Gewinn oder Verlust anhand einer „sonstigen Abrechnung" (§ 120) zu ermitteln. Die geschäftsführenden Gesellschafter müssen – wie bei der GesbR oder einem Verein – die Einnahmen und Ausgaben aufzeichnen und eine Vermögensübersicht aufstellen. Aus der Einnahmen-Ausgaben-Rechnung lässt sich dann der Gewinn oder Verlust ableiten.

2. **Gewinnverteilung:** § 121 bestimmt, wie ein Gewinn und Verlust zu verteilen ist, wenn der Gesellschaftsvertrag keine Regelung enthält. Grundsätzlich wird der Gewinn den Gesellschaftern im Verhältnis ihrer Kapitalanteile (somit im Verhältnis ihrer Beteiligung) zugewiesen (§ 121 Abs 1). Wenn die Gesellschafter alle im gleichen Ausmaß mitwirken, wird dies bei der Gewinnverteilung nicht berücksichtigt, weil dann ja alle im gleichen Maß zum Gewinn beigetragen haben. Wirken die Gesellschafter hingegen im unterschiedlichen Maß mit, so ist dies bei der Gewinnzuweisung angemessen zu berücksichtigen (§ 121 Abs 2). Diejenigen Gesellschafter, die im Vergleich zu den anderen mehr mitgearbeitet haben, sollen einen entsprechend höheren Anteil am Gewinn erhalten.

   Haben Gesellschafter lediglich ihre Dienstleistung als Beitrag geleistet, würden sie mangels Kapitalanteils nicht am Gewinn teilhaben. Für diesen Fall bestimmt § 121 Abs 3, dass zunächst solchen Arbeitsgesellschaftern ein nach den Umständen angemessener Betrag des Jahresgewinns zuzuweisen ist und erst danach (vgl § 121 Abs 3) der restliche Betrag im Verhältnis der Beteiligung unter den übrigen Gesellschaftern verteilt wird. § 121 Abs 4 stellt klar, dass einem Gesellschafter für geleistete Dienste in der Gesellschaft auch ein gewinnunabhängiges Entgelt gewährt werden kann. Mit dem Gesellschafter kann daher ein Werkvertrag, freier Dienstvertrag oder ein gewöhnlicher Dienstvertrag abgeschlossen werden; dies wird insbesondere in jenen Fällen in Betracht kommen, in denen ein Gesellschafter hauptberuflich in der Gesellschaft tätig ist.

3. **Verlustverteilung:** Ein Verlust wird mangels abweichender Vereinbarung im Gesellschaftsvertrag den Gesellschaftern im Verhältnis ihrer Beteiligung zugewiesen (vgl § 121). Der Arbeitsgesellschafter ohne Kapitalanteil nimmt daher nicht am Verlust teil.

4. **Vertragliche Abweichungen:** Die soeben besprochenen gesetzlichen Regelungen über die Gewinn- und Verlustverteilung sind dispositives Recht. Zulässig wäre etwa eine gesellschaftsvertragliche Vereinbarung, dass über die Gewinn- bzw Verlustverteilung von Jahr zu Jahr mittels einstimmigen Beschlusses oder Mehrheitsbeschlusses zu entscheiden ist. Ebenso wird es als zulässig angesehen, einzelne Gesellschafter von der Gewinn- oder Verlustverteilung auszuschließen. Zu beachten ist, dass nachträgliche Änderungen der getroffenen Gewinn- und Verlustverteilung grundsätzlich nur einstimmig getroffen werden können.

VI. Gewinnausschüttung und Entnahmen

1. **Zweck:** § 121 regelt nur die Frage, wie ein entstandener Gewinn oder Verlust auf die Gesellschafter zu verteilen ist. Verteilung bedeutet nur, dass der Gewinn oder Verlust der Gesellschaft auf die jeweiligen Konten der Gesellschafter („Kapitalkonto II", Verrechnungskonto, Privatkonto) verteilt wird. § 121 tätigt aber keine Aussage, ob ein Gesellschafter den zugewiesenen Gewinn auch „entnehmen" darf, dh Anspruch auf Auszahlung des Gewinns hat **(„Gewinnauszahlungsanspruch", „Gewinnausschüttungsanspruch")**. Diese Frage wird in § 122 beantwortet.

2. **Höhe der Gewinnausschüttung:** Nach § 122 hat jeder Gesellschafter Anspruch auf Auszahlung seines Gewinnanteils. Nur ausnahmsweise kann dieser Anspruch nicht geltend gemacht werden

(„Ausschüttungssperre") und begründet in folgenden Fällen ein **Leistungsverweigerungsrecht** der Gesellschaft:

- die Auszahlung würde „zum offenbaren Schaden" der Gesellschaft führen; dies wäre etwa der Fall, wenn der Gesellschaft in einem bestandsgefährdenden Ausmaß liquide Mittel entzogen werden oder die Gesellschaft zur Auszahlung des Gewinns einen Kredit zu ungünstigen Konditionen aufnehmen müsste und daher die Rückzahlung nicht gesichert wäre;
- der Gesellschafter hat vereinbarungswidrig seine Einlage nicht geleistet; der Gewinn wird ihm zwar zugewiesen, er kann ihn aber nicht entnehmen. Macht der Gesellschafter seinen Anspruch auf Gewinnausschüttung geltend, könnte die Gesellschaft mit dem fälligen Anspruch auf Einlagenleistung aufrechnen;
- die Gesellschafter beschließen etwas anderes.

Strittig ist, ob der Gewinnausschüttungsanspruch **zeitlich befristet** nur bis zur Feststellung des nächsten Jahresabschlusses ausgeübt werden kann (dafür etwa *Artmann*, *Krejci*, dagegen *Nowotny*, *H. Torggler*); dies war jedenfalls hM zu § 122 HGB (der für vor dem 1. 1. 2007 gegründete Gesellschaften noch immer anwendbar ist; siehe § 907 Abs 9) und ließ sich auch aus dessen Wortlaut ableiten. Die zeitliche Befristung hatte zur Folge, dass (mangels abweichender Vereinbarung im Gesellschaftsvertrag) nach Feststellung des nächsten Jahresabschlusses nur der neue Saldo am Verrechnungskonto entnommen werden konnte. Bedeutung hat diese Frage, wenn dem Gesellschafter in einem Geschäftsjahr ein Gewinn und im darauffolgenden Jahr ein Verlust zugewiesen wird.

> **Beispiel:** Im Geschäftsjahr 2014 wird dem Gesellschafter X ein Gewinnanteil in Höhe von € 10.000 auf seinem Verrechnungskonto gutgeschrieben. X lässt diesen Gewinn stehen und entnimmt ihn bis zur Feststellung des nächsten Jahresabschlusses nicht. Im Geschäftsjahr 2015 entfällt auf X ein Verlust in Höhe von € 4.000.

Fraglich ist, ob gemäß obigem Beispiel nach Feststellung des Jahresabschlusses 2015 der Gesellschafter X nach wie vor € 10.000 entnehmen kann oder das Entnahmerecht nur mehr in Höhe des verringerten Saldos (im obigen Beispiel € 6.000) besteht. Die Gegner einer zeitlich befristeten Gewinnentnahme argumentieren, dass § 122 zwar Gewinnausschüttungssperren vorsieht (siehe oben), dem Wortlaut dieser Bestimmung aber eine zeitliche Befristung für die Gewinnentnahme nicht entnommen werden könne.

Die Beantwortung der strittigen Frage hängt davon ab, wie die Gewinne und Verluste verbucht werden (siehe oben unter Seite 25). Werden Gewinne und Verluste auf einem Konto („Verrechnungskonto", „Kapitalkonto II") verbucht, so reduzieren zugewiesene Verluste den entnahmefähigen Gewinn; entnommen werden kann immer nur ein positiver Saldo am Konto. Wie der OGH in einer Entscheidung aus dem Jahr 2010 festgehalten hat, ist ein Konto eines Gesellschafters nur dann ein echtes „Forderungskonto", wenn auf diesem nur Gewinne und Gewinnentnahmen verbucht werden, Verluste dagegen auf einem eigenen Konto („Verlustvortragskonto"). In diesem Fall reduzieren dem Gesellschafter in späteren Jahren zugewiesene Verluste den entnahmefähigen Gewinn der Vergangenheit nicht.

Im Gegensatz zu den Kapitalgesellschaften, für die zum Schutz der Gläubiger ein striktes Kapitalerhaltungsgebot gilt (vgl § 52 Abs 1 AktG, § 82 Abs 1 GmbHG), können die Gesellschafter über den Gewinnanteil hinaus **weitere Entnahmen** mit **Zustimmung** aller übrigen Gesellschafter tätigen (§ 122 Abs 2). Eine Gefahr für Gläubiger der Gesellschaft besteht aufgrund der unbeschränkten Haftung der Gesellschafter grundsätzlich nicht.

3. **Vertragliche Abweichungen:** Wie schon erwähnt, ist § 122 dispositives Recht. Der Gesellschaftsvertrag kann daher das Entnahmerecht ausdehnen oder einschränken. Ein gänzlicher Ausschluss

des Entnahmerechts ist allerdings nicht üblich; häufig gestattet der Gesellschaftsvertrag ein Entnahmerecht in Höhe der auf den Gewinnanteil entfallenden Steuerlast. Zu bedenken ist nämlich, dass gem § 2 Abs 3 EStG die Gesellschafter einer OG (und KG) als sog „Mitunternehmer" angesehen werden und daher die Gewinnanteile den Gesellschaftern direkt als Einkünfte aus Gewerbebetrieb zugerechnet werden; unabhängig davon, ob der Gewinn vom Gesellschafter auch entnommen wurde, ist er von ihm zu versteuern.

VII. Das Wettbewerbsverbot

Das Wettbewerbsverbot (§§ 112 f) ist Ausfluss der Treuepflicht. Dadurch soll vor allem verhindert werden, dass Gesellschafter ihr Wissen über die Gesellschaft zu deren Nachteil für eigene Zwecke verwerten bzw eine Tätigkeit ausüben, die mit der gemeinsamen Zweckverfolgung in Widerspruch steht. Das Wettbewerbsverbot gilt für alle Gesellschafter unabhängig davon, ob diese Geschäftsführungs- und Vertretungsbefugnis haben.

1. **Untersagte Tätigkeiten:** Ohne Einwilligung der übrigen Gesellschafter sind gem § 112 Abs 2 folgende Tätigkeiten untersagt:
   - **Geschäfte im Geschäftszweig** der Gesellschaft, unabhängig davon, ob der Gesellschafter im eigenen oder fremden Namen, auf eigene oder fremde Rechnung handelt.

     > **Beispiel:** Dem Wettbewerbsverbot widersprechend wäre daher etwa eine Tätigkeit als Handelsvertreter, als Vorstand oder als Geschäftsführer in einer Gesellschaft, die im Geschäftszweig der OG tätig ist.

   - Die Beteiligung an einer anderen **gleichartigen Gesellschaft** als unbeschränkt haftender Gesellschafter. Unzulässig wären daher eine Mitgliedschaft an einer anderen OG, die Komplementärstellung bei einer KG sowie die Teilnahme an einer GesbR. Zulässig ist hingegen eine Beteiligung als Kommanditist, stiller Gesellschafter, Aktionär, GmbH-Gesellschafter oder Genossenschafter; beherrscht jedoch der Gesellschafter eine dieser Gesellschaften oder ist er maßgeblich an deren Geschäftsführung beteiligt, so dehnt die hL und Rsp das Wettbewerbsverbot auch auf solche Beteiligungen aus. **Gleichartigkeit** liegt vor, wenn beide Gesellschaften in Wettbewerb geraten können.
2. **Rechtsfolgen bei Verstößen:** Bei Verletzungen des Wettbewerbsverbots stehen der Gesellschaft folgende **Ansprüche** zu (siehe § 113 Abs 1):
   - Sie kann **Schadenersatz** verlangen, sofern die allgemeinen Voraussetzungen der §§ 1293 ff ABGB vorliegen. Der Gesellschafter muss also schuldhaft handeln. Grundsätzlich gilt die Beweislastumkehr; den schwierigen Nachweis des zugefügten kausalen Schadens hat allerdings die Gesellschaft zu erbringen.
   - Anstelle des Schadenersatzes kann die OG das **Eintrittsrecht** ausüben: Der Gesellschafter hat die für eigene Rechnung gemachten Geschäfte als für Rechnung der Gesellschaft gelten zu lassen bzw die aus den Geschäften für fremde Rechnung bezogenen Vergütungen herauszugeben oder einen allfälligen Vergütungsanspruch abzutreten. Dem Gesellschafter steht allerdings ein Ersatz der Aufwendungen zu, die er getätigt hat. Lehre und Rsp räumen der Gesellschaft auch einen Auskunfts- und Rechnungslegungsanspruch ein, damit die Gesellschaft Einblick in die Konkurrenztätigkeit erhält. Ansonsten wäre es ja faktisch unmöglich, das Eintrittsrecht auszuüben.

- Ebenso billigt die hL der Gesellschaft auch einen verschuldensunabhängigen **Unterlassungs- und Beseitigungsanspruch** zu. Weitere mögliche Rechtsfolgen sind der Entzug der Geschäftsführungs- und Vertretungsbefugnis und unter Umständen der Ausschluss des betreffenden Gesellschafters.

3. **Geltendmachung:** Es bedarf hierzu eines Beschlusses der übrigen Gesellschafter (§ 113 Abs 2). Die Ansprüche verjähren in drei Monaten ab Kenntnis der übrigen Gesellschafter von der verbotenen Handlung (subjektive Verjährungsfrist). Ohne Rücksicht auf die Kenntnis verjähren sie jedenfalls in fünf Jahren von ihrer Entstehung an (objektive Verjährungsfrist; § 113 Abs 3).
4. **Einwilligung der Gesellschafter:** Das Wettbewerbsverbot ist nicht zwingend. Die Gesellschafter können entweder durch Beschluss oder bereits vorweg im Gesellschaftsvertrag eine Einwilligung erteilen, sodass Gesellschafter eine an sich dem Wettbewerbsverbot unterfallende Tätigkeit ausüben dürfen. War den übrigen Gesellschaftern bei Gründung der OG bekannt, dass ein Gesellschafter an einer anderen Gesellschaft als unbeschränkt haftender Gesellschafter beteiligt ist, so gilt die Einwilligung als erteilt, wenn vom betreffenden Gesellschafter nicht ausdrücklich die Aufgabe dieser Beteiligung verlangt wird (§ 112 Abs 3). Nach hL kann eine erteilte Einwilligung aus wichtigem Grund **widerrufen** werden.
5. **Vertragliche Abweichungen:** Das gesetzliche Wettbewerbsverbot kann im Gesellschaftsvertrag ausgeschlossen, gemildert oder verschärft werden. Möglich wäre es auch, im Gesellschaftsvertrag weitere Sanktionen, wie etwa eine Vertragsstrafe, zu vereinbaren. Häufig findet man in den Gesellschaftsverträgen ein sog **nachvertragliches Wettbewerbsverbot**, welches für ausgeschiedene Gesellschafter gilt und das es diesem verbietet, nach seinem Ausscheiden eine Tätigkeit zu entfalten, die in Konkurrenz zur Gesellschaft steht. Ein solches Wettbewerbsverbot kann den ausgeschiedenen Gesellschafter nicht unbefristet binden und ihn an einer Erwerbstätigkeit hindern. Dies wäre ein Verstoß gegen die guten Sitten (§ 879 ABGB). In einem Fall (der allerdings einen GmbH-Gesellschafter betroffen hat) hat der OGH als Schranke einen Zeitraum von 2 Jahren angesehen und gleichzeitig betont, dass die Anforderungen an die zulässige Dauer umso strenger geprüft werden müssen, je umfassender der sachliche und räumliche Wirkungsbereich des Wettbewerbsverbots ausgestaltet ist.

VIII. Geschäftsführung

1. **Begriff:** Das UGB verwendet an mehreren Stellen den Begriff „Geschäftsführung", ohne diesen aber zu definieren. Allgemein erfasst der Begriff „Geschäftsführung" alle **rechtsgeschäftlichen** und **tatsächlichen Handlungen**, die der Verwirklichung des Gesellschaftszweckes dienen. Erfasst werden damit vor allem jene Managementfunktionen, die zur Führung eines Unternehmens gehören. Dazu zählen die Planung, Entscheidung, Umsetzung (im Sinne von Organisation und Führung) und Kontrolle unternehmerischer Tätigkeiten.

> **Beispiele:** Erledigung der Korrespondenz, Führung der Bücher, Erstellung von Finanzplänen, Aufsicht über das Personal, Organisation des Betriebes.

Nicht der **Geschäftsführung** unterliegen Maßnahmen, die die **Grundlagen der Gesellschaft** betreffen oder die Beziehungen der Gesellschafter untereinander regeln (sog **Grundlagengeschäfte**).

> **Beispiele:** Änderung des Gesellschaftsvertrages, Aufnahme und Ausschluss von Gesellschaftern, Befreiung eines Gesellschafters vom Wettbewerbsverbot etc.

Geschäftsführungshandlungen können entweder nur **Innenwirkung** (zB Erstellung von Finanzplänen), aber auch **Außenwirkung** (zB Beaufsichtigung des Personals) entfalten. Handelt es sich nicht nur um tatsächliche, sondern um rechtsgeschäftliche Außenhandlungen, sind Geschäftsführungshandlungen zugleich auch Vertretungshandlungen. Jede Vertretungshandlung ist daher zugleich eine Geschäftsführungshandlung; nicht jede Geschäftsführungshandlung ist aber auch eine Vertretungshandlung. Die Geschäftsführung betrifft die interne Pflicht und Verantwortlichkeit, die Vertretung hingegen die rechtswirksame Berechtigung und Verpflichtung der OG im Außenverhältnis.

2. **Gesetzliche Regelung:** Anders als im Recht der Kapitalgesellschaften gibt es kein eigenes Organ (wie zB den Geschäftsführer der GmbH oder Vorstand der AG), dem die ausschließliche Geschäftsführungskompetenz zukommt. Den Prinzipien der Selbstorganschaft und der Gleichbehandlung entsprechend kommt die Geschäftsführung grundsätzlich allen Gesellschaftern zu; sie haben Geschäftsführungsbefugnis kraft Gesellschafterstellung **(organschaftliche Geschäftsführungsbefugnis)**. Enthält der Gesellschaftsvertrag keine Vereinbarungen über die Geschäftsführung, so gelten dafür folgende Grundsätze:
   - Sämtliche Gesellschafter sind kraft ihrer Gesellschafterstellung zur Geschäftsführung berechtigt und verpflichtet (§ 114 Abs 1).
   - Es gilt der Grundsatz der **Einzelgeschäftsführung für gewöhnliche Geschäfte**: Jeder Gesellschafter kann im gewöhnlichen Geschäftsbetrieb allein Geschäftsführungshandlungen vornehmen (§ 115 Abs 1, § 116 Abs 1).
   - Die Einzelgeschäftsführungsbefugnis wird durch das **Widerspruchsrecht** der übrigen **geschäftsführenden Gesellschafter** beschränkt: Widerspricht auch nur ein Gesellschafter der Vornahme einer Geschäftsführungshandlung, so hat diese zu unterbleiben (§ 115 Abs 1). Das Widerspruchsrecht kann nur ausgeübt werden, wenn die übrigen Gesellschafter Kenntnis von der geplanten Handlung des Mitgesellschafters haben. Eine generelle Informationspflicht besteht zwar nicht; aufgrund der Treuepflicht hat aber ein Gesellschafter seine Mitgesellschafter von einer beabsichtigten Handlung zu informieren, wenn er damit rechnen muss, dass sie nicht uneingeschränkte Zustimmung bei den Mitgesellschaftern finden wird. Wurde eine Geschäftsführungsmaßnahme gesetzt und wird erst danach Widerspruch erhoben, muss die Handlung – wenn möglich – rückgängig gemacht werden.
   - Für **außergewöhnliche Geschäfte** bedarf es eines **einstimmigen** Beschlusses **aller Gesellschafter**, auch derjenigen, die durch Gesellschaftsvertrag von der Geschäftsführung ausgeschlossen sind (§ 116 Abs 2). Außergewöhnlich sind Geschäfte, die den bisherigen Rahmen des Geschäftsbetriebs übersteigen oder außerhalb des Unternehmensgegenstands liegen oder nach Umfang und Risiko ungewöhnlich sind. Maßstab sind die individuellen Verhältnisse der jeweiligen Gesellschaft; ob ein Geschäft als gewöhnlich oder außergewöhnlich einzustufen ist, hängt von den Umständen des Einzelfalls ab.

     > **Beispiele** für Geschäfte, die regelmäßig außergewöhnlich sind: Errichtung von Zweigniederlassungen; Aufnahme hoher Kredite; Erwerb einer Beteiligung; Investitionen größeren Umfangs etc.

   - Zur **Bestellung von Prokuristen** bedarf es eines einstimmigen Beschlusses aller **geschäftsführenden Gesellschafter**, außer es ist Gefahr im Verzug. Der Widerruf der Prokura kann hingegen von jedem geschäftsführenden Gesellschafter erfolgen (§ 116 Abs 3).
   - Einen besonderen Fall regelt § 164 IO: Demnach kann ein **Sanierungsplan** nur mit **Zustimmung sämtlicher unbeschränkt haftender Gesellschafter** geschlossen werden. Diese Vorschrift ist nach hA zwingender Natur und kann nicht durch den Gesellschaftsvertrag geändert werden.

3. **Gesellschaftsvertragliche Regelungen:** Wie sich aus § 114 Abs 2 und § 115 Abs 2 ergibt, kann von der gesetzlichen Geschäftsführungsregelung im **Gesellschaftsvertrag abgewichen** werden. So können einzelne Gesellschafter von der Geschäftsführung ausgeschlossen werden; das Widerspruchsrecht kann beseitigt werden; Einzelgeschäftsführung kann auch für außergewöhnliche Geschäfte vereinbart werden etc. Ebenso wäre es möglich, den geschäftsführenden Gesellschafter an Weisungen der Gesellschafterversammlung zu binden. Von solchen Weisungen kann der Gesellschafter nur abweichen, wenn er den Umständen nach annehmen darf, dass die übrigen Gesellschafter die Abweichung bei Kenntnis der Sachlage billigen würden. Der geschäftsführende Gesellschafter hat eine von einer Weisung abweichende Handlung den übrigen Gesellschaftern anzuzeigen und ihre Entscheidung abzuwarten, sofern nicht Gefahr im Verzug ist (§ 115 Abs 3). Die Geschäftsführung kann auch derart geregelt werden, dass den Gesellschaftern Aufgabenbereiche zugewiesen werden („Ressortverteilung").
4. **Entziehung der Geschäftsführungsbefugnis:** Die Geschäftsführungsbefugnis kann einem Gesellschafter auf **Klage** der übrigen Gesellschafter durch ein **gerichtliches Urteil entzogen** werden, sofern ein **wichtiger Grund** vorliegt. § 117 Abs 1 nennt beispielsweise grobe Pflichtverletzung oder Unfähigkeit zur ordnungsgemäßen Geschäftsführung. Die Entziehungsklage ist von allen übrigen – auch von der Geschäftsführung und Vertretung ausgeschlossenen – Gesellschaftern zu erheben. Ein sich weigernder Gesellschafter kann auf Mitwirkung an der Entziehungsklage geklagt werden. Die Klage gegen den widerstrebenden Gesellschafter kann mit der Entziehungsklage verbunden werden. Mit Rechtskraft des stattgebenden Urteils über die Entziehung tritt der Verlust der Geschäftsführungsbefugnis ein. Der Gesellschaftsvertrag kann auch vorsehen, dass die Entziehung nicht durch gerichtliches Urteil, sondern durch **Beschluss** der Gesellschafter erfolgen kann. Mit der Beschlussfassung verliert der betreffende Gesellschafter die Geschäftsführungsbefugnis.
5. **Kündigung:** Ein Gesellschafter kann von sich aus die Geschäftsführung zurücklegen, ohne dass es dafür der Zustimmung der übrigen Gesellschafter bedarf (§ 117 Abs 2). Auf das Kündigungsrecht kann nicht verzichtet werden. Aus **wichtigem Grund** kann der Geschäftsführer immer kündigen. Ein wichtiger Grund wäre etwa eine schwere Erkrankung oder eine massive Beeinträchtigung seiner Geschäftsführungstätigkeit wegen Streitigkeiten unter den Gesellschaftern. Entscheidend ist, dass dem betreffenden Gesellschafter nicht zugemutet werden kann, auch nur für kurze Zeit die Geschäftsführung weiter auszuüben. Ist dies nicht der Fall, ist so zu kündigen, dass die Gesellschafter für die Geschäftsführung anderweitig Vorsorge treffen können. Kündigt der Gesellschafter zur **Unzeit**, wird er der Gesellschaft gegenüber schadenersatzpflichtig (§ 117 Abs 3).
6. **Übertragung der Geschäftsführungsbefugnis:** Gem § 114 Abs 4 darf ein Gesellschafter im Zweifel die Geschäftsführung nicht einem Dritten übertragen. Die Geschäftsführung ist eine Tätigkeit, die der Gesellschafter höchstpersönlich ausüben muss. Nach Ansicht des OGH ist die organschaftliche Geschäftsführung untrennbar mit der Mitgliedschaft verbunden **(„Abspaltungsverbot")**. Gestattet der Gesellschaftsvertrag oder ein Gesellschafterbeschluss die Übertragung (siehe § 114 Abs 4), so haftet er für ein Auswahlverschulden (culpa in eligendo).
7. **Haftung der geschäftsführenden Gesellschafter:** Im Gegensatz zum GmbHG oder AktG enthält das UGB keine Vorschriften über die Haftung der geschäftsführenden Gesellschafter für ein schuldhaftes Fehlverhalten bei Ausübung ihrer Tätigkeit. Nach hA sind diese Bestimmungen auf Personengesellschaften analog anzuwenden. Für die GesbR findet sich nunmehr eine entsprechende Bestimmung in § 1189 Abs 3 ABGB. Da gem § 1175 Abs 4 ABGB die für die GesbR geltenden Vorschriften grundsätzlich auch auf andere Gesellschaften anzuwenden sind, kommt § 1189 Abs 3 ABGB auch auf die OG zur Anwendung. Die geschäftsführungsbefugten Gesellschafter haben bei ihrer Tätigkeit die gebotene Sorgfalt anzuwenden (objektiver Sorgfaltsmaßstab); ansonsten haben sie gegenüber der Gesellschaft für den erlittenen Schaden einzustehen. Mehrere geschäftsführungsbefugte Gesellschafter haften solidarisch. Eine Haftung kann auch gegenüber Dritten beste-

hen, wie etwa gegenüber der Abgabenbehörde (§ 9 iVm §§ 80 f BAO) oder den Sozialversicherungsträgern (§ 67 Abs 10 ASVG); in diesen beiden Fällen haftet der Gesellschafter allerdings nur dann, wenn er auch vertretungsbefugt ist.

IX. Gesellschafterbeschlüsse

1. **Gegenstand der Beschlussfassung:** Da eine Personengesellschaft aus mindestens zwei Personen besteht, stellt sich die Frage, wie die Willensbildung in einer Gruppe erfolgen soll. Wenngleich die Gesellschafter einen gemeinsamen Zweck verfolgen, kann dieser doch auf unterschiedlichem Wege erreicht werden. Welcher Weg nun eingeschlagen wird, ist von den Gesellschaftern zu entscheiden. § 119 Abs 1 bestimmt nur ganz allgemein, dass es für die von den Gesellschaftern zu fassenden Beschlüsse der **Zustimmung aller** zur Mitwirkung bei der Beschlussfassung berufenen Gesellschafter bedarf.

   Unbeantwortet lässt das UGB die Frage, in welchen Angelegenheiten die Gesellschafter einen Beschluss zu fassen haben. Nach allgemeiner Auffassung bedarf es eines Beschlusses für Entscheidungen in Gesellschaftsangelegenheiten jeder Art, die nach dem Gesetz oder Gesellschaftsvertrag in die Kompetenz der Gesellschafter fallen.

   Beispiele: Geltendmachung von Ansprüchen aus Wettbewerbsverletzungen (§ 113 Abs 2); Entscheidung über außergewöhnliche Geschäfte (§ 116 Abs 2); Änderungen des Gesellschaftsvertrages; Ausschluss von Gesellschaftern; Bestellung und Abberufung von Liquidatoren etc.

2. **Form der Beschlussfassung:** Der Beschluss ist das Instrument der internen Willensbildung im Gesellschaftsrecht. Das UGB enthält kaum Bestimmungen über die Art und Weise der Beschlussfassung und schreibt vor allem kein bestimmtes Verfahren vor. Entscheidend ist nur, dass alle Gesellschafter ihre Stimme abgeben und somit an der Beschlussfassung mitwirken. Die Abhaltung einer bei Kapitalgesellschaften üblichen **Gesellschafterversammlung** ist nicht erforderlich, ebenso wenig die Einhaltung besonderer Formvorschriften (zB notarielle Beurkundung der Beschlüsse). Beschlüsse können schriftlich oder mündlich zustande kommen bzw sogar stillschweigend gefasst werden. Im Gesellschaftsvertrag kann allerdings die Art und Weise der Beschlussfassung festgelegt werden. So kann etwa vorgesehen werden, dass die Beschlüsse gleich wie bei der GmbH nur in einer Gesellschafterversammlung oder in Form eines Umlaufbeschlusses gefasst werden können, die Gesellschafter termingerecht zu laden sind und ihnen der Gegenstand der Beschlussfassung vorweg mitgeteilt werden muss.

3. **Beschlussmehrheiten:** Gesellschafterbeschlüsse sind grundsätzlich **einstimmig** zu fassen (§ 119 Abs 1; siehe auch § 164 Abs 1 IO, wonach ein Sanierungsplan nur mit Zustimmung sämtlicher unbeschränkt haftender Gesellschafter geschlossen werden kann). Einstimmigkeit ist aber nicht in dem Sinne zu verstehen, dass lediglich alle an der Beschlussfassung mitwirkenden Gesellschafter für den Beschlussgegenstand stimmen müssen; vielmehr müssen **alle Gesellschafter** ihr Einverständnis zum Beschlussinhalt erklären. Nimmt ein Gesellschafter an der Beschlussfassung nicht teil, kann daher kein Beschluss wirksam zustande kommen. Eine Ausnahme besteht nur in jenen Fällen, in denen der Gesellschafter einem Stimmverbot (siehe unten unter Punkt 6.) unterliegt.

   Um eine Blockade von Beschlüssen durch einen einzelnen Gesellschafter zu verhindern, kann der Gesellschaftsvertrag vom Einstimmigkeitsprinzip abgehen und **Mehrheitsbeschlüsse** zulassen (§ 119 Abs 2); solche sind sowohl für (gewöhnliche und außergewöhnliche) Maßnahmen der Geschäftsführung als auch Änderungen des Gesellschaftsvertrages zulässig und bei einem größeren Gesellschafterkreis empfehlenswert. Beim gesetzlichen Einstimmigkeitsprinzip spielt der Umfang des Stimmrechts des einzelnen Gesellschafters keine Rolle. Anders ist die Situation aber bei Mehrheitsbeschlüssen; hier stellen sich mehrere Fragen bezüglich der Berechnung der erforderlichen Mehrheit:

- Welches „Gewicht" hat die Stimme des einzelnen Gesellschafters? Denkbar wäre, jede Stimme gleich zu gewichten („Stimmrecht nach Köpfen") oder aber nach dem Beteiligungsverhältnis und damit im Verhältnis der vereinbarten Einlagen („Stimmrecht nach Kapitalbeteiligung"). Nach § 119 Abs 2 Satz 2 entspricht das Stimmgewicht den **Beteiligungsverhältnissen**.
- Wie wird die Mehrheit berechnet, insbesondere dann, wenn nicht alle Gesellschafter an der Beschlussfassung teilnehmen? Die Mehrheit kann sich richten
  - nach der Zahl der allen Gesellschaftern zustehenden Stimmen (vgl § 34 Abs 2 GmbHG) oder
  - nach der Zahl der an der Beschlussfassung teilnehmenden Gesellschafter (wobei hier auch Stimmenthaltungen zu berücksichtigen wären) oder
  - nach der Zahl der gültig abgegebenen Stimmen (Stimmenthaltungen und die Stimmen der nicht an der Beschlussfassung teilnehmenden Gesellschafter werden nicht berücksichtigt).

Nach § 119 Abs 2 Satz 1 ist die Mehrheit der **gültig abgegebenen Stimmen** maßgeblich. Diese Bestimmung ist aber lediglich dispositives Recht (§ 108); der Gesellschaftsvertrag kann auch eine der anderen genannten Varianten vorsehen.

- Sind allerdings nicht alle Gesellschafter am Kapital beteiligt (zB weil der Gesellschafter sich nur zur Leistung von Diensten verpflichtet hat und ihm dafür keine Beteiligung an der Gesellschaft gewährt wurde), so bestimmt sich die Mehrheit nach Köpfen.
- Welche Mehrheit ist erforderlich? Grundsätzlich müssen mehr als 50 % der Stimmen für den Beschlussgegenstand sein **(„einfache Mehrheit")**. Der Gesellschaftsvertrag kann aber auch eine höhere Mehrheit (sog **„qualifizierte Mehrheit"**), wie zB eine 75 %-Mehrheit oder eine 90 %-Mehrheit vorsehen. Möglich wäre auch für unterschiedliche Beschlussgegenstände unterschiedliche Mehrheiten vorzusehen.

4. **Schranken für Mehrheitsbeschlüsse**: Lässt man Mehrheitsbeschlüsse zu, besteht zunächst die Gefahr, dass einzelne Gesellschafter bei der Beschlussfassung übergangen werden. Damit ein Beschluss ordnungsgemäß zustande kommt, muss daher gewährleistet sein, dass der Gesellschafter von der Beschlussfassung informiert wird und auch an der Willensbildung bzw Beschlussfassung teilnehmen kann. Ebenso ist der einzelne Gesellschafter davor zu schützen, dass die Mehrheit von einer Mehrheitsklausel in einer illoyalen und zweckwidrigen Weise Gebrauch macht. Nach der sog **„Kernbereichslehre"** sind zunächst solche Vertragsänderungen dem Mehrheitsbeschluss entzogen, die die Grundlagen des Gesellschaftsverhältnisses betreffen oder durch die Sonderrechte beeinträchtigt werden (ähnlich § 50 Abs 4 GmbHG); solche Rechte können nur mit Zustimmung des betroffenen Gesellschafters entzogen werden. Nicht abschließend geklärt ist allerdings, welche Rechte zum Kernbereich der Mitgliedschaft zu zählen sind. Überwiegend werden folgende Punkte genannt: Änderungen des Unternehmenszwecks, Beitragserhöhungen, Eingriff in das Stimmrecht, Änderungen des Gewinnverteilungsschlüssels oder des Entnahmerechts. Eine weitere Grenze der Mehrheitsmacht wird im Gleichbehandlungsgrundsatz und in der gesellschaftsrechtlichen Treuepflicht sowie im Verbot der willkürlichen, die Minderheit schädigenden Verfolgung von Eigeninteressen gesehen.
5. **Stimmrecht:** Grundsätzlich hat jeder Gesellschafter in allen Angelegenheiten der Gesellschaft ein Stimmrecht. Nach hM besteht bei **Geschäftsführungsangelegenheiten** sogar eine Stimmpflicht. Ebenso kann ausnahmsweise die Treuepflicht eine positive Stimmabgabe zu Änderungen des Gesellschaftsvertrages erfordern. Wegen der höchstpersönlichen Natur kann das Stimmrecht nur mit Zustimmung der übrigen Gesellschafter oder auf Basis einer gesellschaftsvertraglichen Vereinbarung durch einen **Bevollmächtigten** ausgeübt werden. Keiner Zustimmung der Gesellschafter bedarf es in jenen Fällen, in denen ein Gesellschafter durch eine andere Person vertreten werden muss (gesetzlicher Vertreter für Geschäftsunfähige oder Organe für juristische Personen).

Unzulässig wäre es, das Stimmrecht generell auf eine andere Person zu übertragen und damit gleichsam das Stimmrecht von der Mitgliedschaft zu lösen (**„Abspaltungsverbot"**). Beschränkungen des Stimmrechts werden als zulässig angesehen. Strittig ist, ob einem Gesellschafter das Stimmrecht zur Gänze entzogen werden kann; überwiegend wird dies für zulässig erachtet.

Stimmrechtsausschluss und Stimmverbot: In bestimmten Einzelfällen sind die Gesellschafter von der Ausübung des Stimmrechts ausgeschlossen:

- In Geschäftsführungsangelegenheiten haben diejenigen Gesellschafter kein Stimmrecht, die von der Geschäftsführung ausgeschlossen sind. Dies gilt nicht für außergewöhnliche Geschäfte nach § 116 Abs 2 (siehe oben Seite 30).
- Bei der Bestellung von **Prokuristen** haben ebenfalls nur die geschäftsführungsbefugten Gesellschafter ein Stimmrecht (§ 116 Abs 3), nicht aber die von der Geschäftsführung ausgeschlossenen Gesellschafter.
- Richtet sich ein Beschluss gegen einen Gesellschafter, so ist der Betreffende aufgrund **persönlicher Befangenheit** nicht stimmberechtigt.

> **Beispiele:** Beschlussfassung über die bei Verletzung des Wettbewerbsverbots zu erhebenden Ansprüche (§ 113 Abs 2); Beschlussfassung über die Entziehung der Geschäftsführungs- und Vertretungsbefugnis (§§ 117, 127) oder den Ausschluss eines Gesellschafters (§ 140) etc.

Außer diesen gesetzlichen Fällen wird die Ansicht vertreten, dass ein Gesellschafter generell bei **Interessenkollisionen** analog § 125 AktG bzw § 39 Abs 4 GmbHG vom Stimmrecht ausgeschlossen werden soll. Dies entspricht dem generellen Grundsatz, dass niemand Richter in eigenen Angelegenheiten sein kann.

X. Kontrollrechte

1. **Kontrollberechtigte:** Da bei einer OG jeder Gesellschafter das Risiko der unbeschränkten Haftung zu tragen hat, besteht ein verständliches Bedürfnis nach Information und Kontrolle über Vorgänge in der Gesellschaft, insbesondere bei jenen Gesellschaftern, die von der Geschäftsführung ausgeschlossen sind. § 118 räumt daher jedem Gesellschafter bis zu seinem Ausscheiden ein umfassendes Kontrollrecht ein. Der ausgeschiedene Gesellschafter besitzt grundsätzlich kein Kontrollrecht, es sei denn, dass er noch an schwebenden Geschäften (§ 138) teilnimmt. Das Recht kann grundsätzlich nur **persönlich** ausgeübt werden. Fehlt dem Gesellschafter die erforderliche Sachkenntnis, darf er Sachverständige (zB Steuerberater, Rechtsanwalt) beiziehen, deren Kosten er aber selbst zu tragen hat.
2. **Umfang:** Jeder Gesellschafter kann sich von den Angelegenheiten der Gesellschaft persönlich unterrichten, in die Bücher und Schriften der Gesellschaft einsehen und sich aus ihnen einen Jahresabschluss oder eine sonstige Abrechnung anfertigen bzw die Vorlage eines solchen Abschlusses oder einer solchen Abrechnung fordern. In Ausübung der Rechte darf der Gesellschafter auch die Geschäftsräume betreten. Für die Bucheinsicht ist ihm ein entsprechender Raum zur Verfügung zu stellen. In die Bücher und Schriften darf er nur einsehen; er darf sie aber nicht mitnehmen oder die Anfertigung von Kopien auf Kosten der Gesellschaft verlangen. Von den geschäftsführenden Gesellschaftern kann er **Auskünfte** verlangen, sofern sich die Angaben nicht aus den Geschäftsunterlagen ermitteln lassen.
3. **Grenzen:** Die Grenzen des Kontrollrechts liegen in der **schikanösen Rechtsausübung**. Eine solche liegt zB vor, wenn das Recht ausgeübt wird, um der Gesellschaft zu schaden. Unzulässig ist die Ausübung des Kontrollrechts auch im Fall des Missbrauchs (zB zu Konkurrenzzwecken).

4. **Durchsetzung:** Bei Behinderung oder Verweigerung der Ausübung des Kontrollrechts kann der Gesellschafter die Durchsetzung im **außerstreitigen Verfahren** erreichen.
5. **Vertragliche Vereinbarungen:** § 118 war ursprünglich dispositiver Natur und konnte durch den Gesellschaftsvertrag auch beschränkt oder ausgeschlossen werden. Nur wenn ein Grund zur Annahme unredlicher Geschäftsführung vorlag, stand das gesetzliche Kontrollrecht zwingend auch dann zu, wenn es im Gesellschaftsvertrag ausgeschlossen oder beschränkt wurde.

   Durch das GesbR-RG wurde § 118 dahingehend geändert, dass eine Vereinbarung, durch die das Kontrollrecht **ausgeschlossen** oder **beschränkt** wird, **unwirksam** ist. Die Kontrollrechte können daher zwar vertraglich erweitert (zB regelmäßige Berichterstattungspflicht der geschäftsführenden Gesellschafter), aber nicht eingeschränkt werden. Die allgemeinen Grenzen (siehe oben Punkt 3.) des Kontrollrechts sind nach wie vor beachtlich.

D. Die Regelung des Außenverhältnisses

I. Vertretung

Nach dem für Personengesellschaften geltenden Prinzip der **Selbstorganschaft** wird die OG durch ihre Gesellschafter vertreten. Dritte können grundsätzlich nicht organschaftliche Vertreter sein, wohl kann ihnen aber durch Vertrag Vertretungsmacht eingeräumt werden (zB Prokura, Handlungsvollmacht, Prozessvollmacht etc). Ist der Gesellschafter keine natürliche Person (zB eine GmbH), wird er von seinem Organ (zB dem Geschäftsführer der GmbH) vertreten.

1. **Gesetzliche Vertretungsregelung:** Nach § 125 Abs 1 ist jeder Gesellschafter **einzelvertretungsbefugt**. Dies gilt – im Gegensatz zur Geschäftsführung – sowohl für gewöhnliche als auch außergewöhnliche Geschäfte. Unabhängig von einer vertraglich vereinbarten Gesamtvertretung kommt jedem vertretungsbefugten Gesellschafter außerdem **zwingend** die **passive Einzelvertretungsmacht** zu (§ 125 Abs 2 Satz 3): Zur Entgegennahme von Willenserklärungen gegenüber der Gesellschaft ist jeder einzelne vertretungsbefugte Gesellschafter berechtigt; dies erfordert der Verkehrsschutz.

   Beispiel: Kündigungen durch Arbeitnehmer, Mängelrügen, Annahme von Kaufanboten etc werden der Gesellschaft gegenüber wirksam erklärt, wenn sie einem vertretungsbefugten Gesellschafter zukommen.

2. **Vertragliche Vertretungsregelung:** Von der gesetzlichen Vertretungsregelung können im Gesellschaftsvertrag abweichende Vereinbarungen getroffen werden:
   a) Einzelne Gesellschafter können von der Vertretung **ausgeschlossen** werden. Soll ein ursprünglich kraft Gesetz vertretungsbefugter Gesellschafter später von der Vertretung ausgeschlossen werden, bedarf es (als Änderung des Gesellschaftsvertrages) eines einstimmigen Beschlusses (der Betroffene darf mitstimmen!), sofern nicht der Gesellschaftsvertrag für diesen Fall einen Mehrheitsbeschluss zulässt.
   b) Alle oder mehrere Gesellschafter sind nur gemeinschaftlich vertretungsbefugt **(echte Gesamtvertretung; Kollektivvertretung)**. Diese Form der Vertretung kann in unterschiedlichsten Varianten und Kombinationen vereinbart werden.

   Beispiele: Bei einer OG mit den Gesellschaftern A, B, C, D und E kann zB vereinbart werden, dass alle nur gemeinschaftlich vertreten dürfen. Es könnte aber auch geregelt sein, dass A nur mit B und C, D und E nur gemeinsam vertreten können usw.

Es kann auch eine Vertretung in der Form vorgesehen werden, dass bestimmte Gesellschafter alleine, andere hingegen nur gemeinschaftlich vertreten können.

Beispiel: Von den Gesellschaftern A, B, C, D und E können A und B sowie C und D nur gemeinsam vertreten. E hat hingegen Einzelvertretungsbefugnis.

Als zulässig angesehen wird auch die **halbseitige Gesamtvertretung**. Es handelt sich dabei um eine Verbindung zwischen Gesamtvertretung und Einzelvertretung.

Beispiele: A kann die Gesellschaft alleine vertreten, B hingegen nur gemeinsam mit A; A und B können nur gemeinsam oder jeweils mit C vertreten, der auch alleine vertreten darf.

Gesamtvertretung bedeutet nicht, dass alle Vertreter gleichzeitig handeln müssen. Ein gesamtvertretungsbefugter Gesellschafter kann von dem bzw den anderen vorweg ermächtigt werden, alleine eine Vertretungshandlung zu setzen (Einzelermächtigung an Gesamtvertreter). § 125 Abs 2 Satz 2 beschränkt dies aber insofern, dass eine Ermächtigung nur zur „Vornahme **bestimmter Geschäfte** oder **bestimmter Arten von Geschäften**" erteilt werden kann. Damit soll verhindert werden, dass die gesamtvertretungsbefugten Gesellschafter die von den Gesellschaftern angeordnete Gesamtvertretung aushebeln und gegenstandslos machen, weil der Ermächtigte faktisch Einzelvertretungsbefugnis hat.

Die Zustimmung zu einer alleine vorgenommenen Vertretungshandlung kann auch **im Nachhinein** erteilt werden; bis zur Genehmigung ist das Rechtsgeschäft schwebend unwirksam. Wird die Genehmigung nachträglich nicht erteilt, handelt der alleine agierende Gesamtvertreter als falsus procurator; er haftet nach § 1019 ABGB.

c) Im Gesellschaftsvertrag kann auch vorgesehen werden, dass im Fall einer Gesamtvertretung ein oder mehrere Gesellschafter nur in Gemeinschaft mit einem Prokuristen zur Vertretung befugt sein sollen (**unechte bzw gemischte Gesamtvertretung**; § 125 Abs 3). Dies gilt nur für den Fall, dass nach dem Gesellschaftsvertrag Gesamtvertretung besteht. Während bei der echten Gesamtvertretung mindestens zwei vertretungsbefugte Gesellschafter zusammenwirken müssen, sind bei der unechten Gesamtvertretung ein oder mehrere Gesellschafter nur im Zusammenwirken mit einem Prokuristen vertretungsbefugt. Dem Prinzip der Selbstorganschaft entsprechend muss aber eine organschaftliche Vertretung ohne den Prokuristen gewährleistet sein. Bei der gemischten Gesamtvertretung richten sich die Befugnisse des Prokuristen nach der Vertretungsmacht des Gesellschafters. Die Vertretungsmacht des Prokuristen erfährt dadurch eine **Erweiterung**. Zum Prokuristen kann ein außenstehender Dritter oder aber auch ein Gesellschafter bestellt werden.

3. **Umfang der Vertretungsmacht:** Die Vertretungsmacht ist umfassend. Nach § 126 Abs 1 erstreckt sie sich auf alle gerichtlichen und außergerichtlichen Geschäfte und Rechtshandlungen einschließlich der Veräußerung und Belastung von Grundstücken sowie der Erteilung und des Widerrufs einer Prokura. Keine Vertretungsbefugnis besteht für sog **„Grundlagengeschäfte"**. Das sind alle Geschäfte, die das gesellschaftsrechtliche Rechtsverhältnis der Gesellschafter untereinander verändern.

Beispiele: Änderung des Gesellschaftsvertrages; Änderung der Firma; Ausschließung eines Gesellschafters; Aufnahme eines neuen Gesellschafters; Einräumung oder Entziehung der Geschäftsführungs- und Vertretungsbefugnis; Änderung des Unternehmensgegenstandes; Auflösung der Gesellschaft. Strittig ist, ob die gänzliche Veräußerung oder Verpachtung des Unternehmens von der Vertretungsmacht gedeckt oder ein Grundlagengeschäft ist.

Aus Gründen des Verkehrsschutzes ist eine Beschränkung der Vertretungsmacht Dritten gegenüber unwirksam (§ 126 Abs 2). Beispielhaft führt das Gesetz unwirksame Beschränkungen auf gewisse Geschäfte oder gewisse Arten von Geschäften sowie zeitliche, örtliche oder von gewissen Umständen abhängige Beschränkungen an. Das bedeutet aber noch nicht, dass jede Vertretungshandlung Rechtswirkungen für die Gesellschaft erzeugt. Folgende außenwirksame Beschränkungen der Vertretungsmacht sind anerkannt:

- **Beschränkung auf eine Niederlassung:** Nach § 126 Abs 3 kann die Vertretungsmacht auf einzelne Niederlassungen beschränkt werden, sofern sie unter verschiedenen Firmen geführt werden. Die Beschränkung auf eine Niederlassung ist ins Firmenbuch einzutragen.
- **Missbrauch der Vertretungsmacht**: Wirken das Vertretungsorgan und ein Dritter arglistig zusammen, um die Gesellschaft zu schädigen **(Kollusion)**, so braucht die Gesellschaft das Geschäft nicht für und gegen sich gelten lassen. Ausreichend ist auch, wenn für den Dritten die Benachteiligung offenkundig war.
- **Interne Beschränkungen** können beliebig vereinbart werden. Diese haben jedoch **keine Wirkungen im Außenverhältnis.** Kannte der Dritte die interne Beschränkung, so muss die Gesellschaft das Geschäft trotzdem gegen sich gelten lassen, es sei denn, dass das Geschäft unter Missbrauch der Vertretungsmacht zustande kam. **Ohne Bedeutung** ist auch, ob die Vertretungshandlung durch die **Geschäftsführungsbefugnis gedeckt** ist.

4. **Entzug der Vertretungsbefugnis:** Wie die Geschäftsführungsbefugnis kann auch die Vertretungsbefugnis einem Gesellschafter durch gerichtliche Entscheidung entzogen werden, wenn ein wichtiger Grund vorliegt und alle übrigen Gesellschafter eine Klage einbringen (§ 127). Auf die entsprechenden Ausführungen zu § 117 (oben Seite 31) darf verwiesen werden.
5. **Eintragung ins Firmenbuch:** Der Name und das Geburtsdatum der vertretungsbefugten Gesellschafter sowie der Beginn und die Art ihrer Vertretungsbefugnis sind ins Hauptbuch des Firmenbuchs einzutragen (§ 3 Z 8 FBG). Einzutragen ist aber auch jede Änderung in der Vertretungsmacht (§ 125 Abs 4). Die Anmeldung hat durch **sämtliche Gesellschafter** zu erfolgen; die Gesellschafter können sich bei der Anmeldung vertreten lassen (§ 11 Abs 2). Die zur Vertretung erforderliche Vollmacht muss öffentlich beglaubigt sein.

II. Haftung

1. **Haftung der Gesellschaft und der Gesellschafter:** Da die OG selbst Rechtssubjekt ist und daher Rechte erwerben und Verbindlichkeiten eingehen kann, haftet sie für Gesellschaftsschulden auch selbst mit ihrem gesamten **Gesellschaftsvermögen**. Neben diese Haftung mit dem Gesellschaftsvermögen tritt die Haftung der Gesellschafter mit ihrem **Privatvermögen.** Die Gläubiger einer OG haben folglich Zugriff auf unterschiedliche Vermögensmassen.

   Gesellschaftsschulden sind alle Verbindlichkeiten, die die OG unter ihrer Firma begründet und zu erfüllen hat. Ohne Bedeutung ist der Rechtsgrund der Schulden. Es kann sich sowohl um privatrechtliche Verbindlichkeiten handeln, die auf Vertrag, Gesetz oder unerlaubtem Verhalten beruhen, als auch um öffentlich-rechtliche Verbindlichkeiten.

> **Beispiele:** Lieferverbindlichkeiten, Schulden gegenüber Arbeitnehmern, Mietzinsrückstände (beruhen auf Vertrag); Bereicherungsansprüche, Schadenersatzansprüche (beruhen auf Gesetz); Unterlassungsverpflichtungen aus Wettbewerbsverstößen (unerlaubtes Handeln); Steuerschulden, Abgabenschulden (öffentlich-rechtliche Verbindlichkeiten).

2. **Haftungsinhalt:** § 128 hält nur grundlegend fest, dass die Gesellschafter für die Verbindlichkeiten der Gesellschaft haften. Umstritten ist die Frage nach dem **Haftungsinhalt**, wenn die Gesellschaft nicht Geld, sondern eine sonstige Leistung schuldet: Haftet der in Anspruch genommene Gesellschafter auf Erfüllung in natura (**„Erfüllungstheorie"**, so etwa *Hämmerle/Wünsch, Jabornegg/Artmann, Schauer*) oder kann er nur auf Leistung von Schadenersatz in Form einer Geldsumme in Anspruch genommen werden (**„Haftungstheorie"**, dafür etwa *Koppensteiner/Auer, Harrer*)?

Beispiele:

a) Eine OG hat einen mehrjährigen Bierbezugsvertrag abgeschlossen, den sie nicht erfüllt. Kann von den einzelnen Gesellschaftern die Abnahme der vereinbarten Quoten verlangt werden oder nur der Nichterfüllungsschaden?

b) Gegenstand einer OG ist das Baumeistergewerbe. Mit einem Gläubiger wurde ein Werkvertrag über die Errichtung eines Bauwerks abgeschlossen, der nun von der Gesellschaft nicht erfüllt wird. Kann von den Gesellschaftern die Errichtung eines Bauwerks verlangt werden?

Die hL (eine Zusammenstellung des Meinungsstandes findet sich bei *Schauer* in *Kalss/Nowotny/Schauer* 2/493) und Rsp lässt sich folgendermaßen skizzieren: Prinzipiell haftet der Gesellschafter in gleicher Weise wie die OG, also auf Erfüllung, weil dies regelmäßig den Interessen des Gläubigers entspricht. Allerdings nimmt die Rsp eine Abwägung zwischen den Interessen des Gläubigers einerseits und dem Haftungsbegrenzungsinteresse des Gesellschafters andererseits vor. Nur wenn diese Abwägung zu Gunsten des Gläubigers ausschlägt, haftet der Gesellschafter auf Erfüllung.

Beispiel (in Anlehnung an OGH 7 Ob 595/94): Wegen ausstehender Pachtzinsen begehrte der Verpächter sowohl von der Gesellschaft als auch von einem Gesellschafter die Räumung eines Geschäftslokals. Nach Meinung des OGH wäre ein bloßer Geldersatzanspruch des Verpächters gegen den Gesellschafter unbefriedigend. Der Gesellschafter wird durch die Erfüllungshaftung in seiner Privatsphäre nicht mehr als bei einer Geldleistung beeinträchtigt.

Bei Unterlassungsverpflichtungen nach dem UWG hat die Judikatur ursprünglich einen Erfüllungsanspruch des Gesellschafters befürwortet und diesen auf § 128 gestützt. Nunmehr verneint der OGH die Haftung des Gesellschafters einer OG, wenn er am Wettbewerbsverstoß nicht beteiligt war und keine Möglichkeit hatte, den Wettbewerbsverstoß zu unterbinden.

3. **Art und Umfang der Haftung:** Der Gesellschafter haftet

   - **persönlich:** der Gesellschafter haftet mit seinem gesamten Privatvermögen; leistet er nicht freiwillig an den fordernden Gläubiger, muss dieser einen Exekutionstitel (§ 1 EO) erlangen und kann nach Bewilligung der Exekution (§§ 3 ff EO) auf das bewegliche oder unbewegliche Privatvermögen greifen. Der Gläubiger hat daher Zugriff auf das gesamte der Exekution unterworfene Vermögen des Gesellschafters;
   - **unbeschränkt:** die Haftung des Gesellschafters ist nicht auf einen bestimmten Betrag begrenzt; der Gesellschafter haftet für alle Schulden der Gesellschaft unabhängig von deren Höhe;
   - **unbeschränkbar:** die Haftung kann nicht durch Gesellschaftsvertrag oder sonstige Vereinbarung unter den Gesellschaftern zu Lasten der Gesellschaftsgläubiger eingeschränkt werden. Haftungsbeschränkende Vereinbarungen zwischen einem Gesellschafter und einem Gläubiger sind möglich, ebenso Vereinbarungen unter den Gesellschaftern, die aber nur im Innenverhältnis wirken;
   - **primär:** der Gesellschafter kann vom Gläubiger selbst dann in Anspruch genommen werden, wenn die OG zur Befriedigung der Schuld in der Lage gewesen wäre. Der Gesellschafter kann

nicht verlangen, dass der Gläubiger zuerst die OG in Anspruch nehmen muss (keine Ausfallshaftung!). Die Haftung ist mit jener eines Bürgen und Zahlers vergleichbar;

Beispiel: Der Gläubiger X hat gegenüber der A-OG eine Geldforderung in Höhe von € 10.000. Die Gesellschaft verfügt zwar nicht über Barmittel, hat aber hinreichend sonstiges Vermögen (zB Liegenschaften, Warenlager). Der Gläubiger ist nicht verpflichtet, im Wege der Exekution auf dieses Vermögen zu greifen, sondern kann sich wegen seiner Geldforderung gleich an die Gesellschafter wenden.

- **unmittelbar**: der Gesellschafter ist nicht nur der Gesellschaft gegenüber verpflichtet, für deren Schulden zu haften, sondern auch direkt dem Gläubiger gegenüber. Es ist zB nicht erforderlich, dass der Gläubiger die Haftungsansprüche der Gesellschaft gegen ihren Gesellschafter pfändet und diese in weiterer Folge durchsetzt, sondern er kann sich direkt an den Gesellschafter halten und Erfüllung verlangen;
- **solidarisch**: jeder Gesellschafter haftet für die ganze Schuld und nicht nur im Verhältnis seiner Beteiligung. Es steht dem Gläubiger frei, welchen Gesellschafter er in welchem Ausmaß in Anspruch nehmen will. Der Gläubiger kann sich an die Gesellschaft, an einen, mehrere oder alle Gesellschafter wenden. Leistet keiner freiwillig, so muss der Gläubiger sowohl die OG als auch diejenigen Gesellschafter klagen, die er in Anspruch nehmen will (vgl dazu das Beispiel auf Seite 25). In der Praxis werden daher sowohl die Gesellschaft als auch alle Gesellschafter geklagt.

4. **Haftung des eintretenden Gesellschafters:** Tritt jemand in eine bereits **bestehende OG** ein, so haftet der Eintretende gem § 130 unbeschränkt auch für deren Altschulden, also jene Verbindlichkeiten, die vor seinem Eintritt begründet wurden. Der Gesetzgeber wollte nicht, dass die Gesellschafter einer OG in unterschiedlicher Weise für Verbindlichkeiten haften und hat daher die Neugesellschafter in die Haftung für Altschulden einbezogen. Diese Haftung ist **zwingend** und kann Dritten gegenüber nicht beschränkt oder ausgeschlossen werden. Wohl aber können die Gesellschafter im **Innenverhältnis** abweichende Vereinbarungen treffen.

Beispiel: Es kann im Rahmen des Beitritts vereinbart werden, dass der Eintretende für Altschulden betragsmäßig beschränkt oder überhaupt nicht haften soll. Wird der Gesellschafter von einem Altgläubiger in Anspruch genommen, so kann er sich zwar nicht auf die nur intern wirkende Vereinbarung berufen, sondern hat zu leisten, kann aber bei den Mitgesellschaftern regressieren.

5. **Haftung bei Auflösung der Gesellschaft:** Solange die OG existiert, kann ein Gläubiger seine Ansprüche sowohl gegen die Gesellschaft als auch gegen deren Gesellschafter geltend machen. Verliert die OG ihre Rechtsfähigkeit, stellt sich die Frage, ob damit auch die Haftung der Gesellschafter für Verbindlichkeiten der untergegangenen OG erlischt. § 159 ordnet eine nachwirkende Gesellschafterhaftung an. Demnach **verjähren** die Ansprüche gegen die Gesellschafter aus Verbindlichkeiten der Gesellschaft erst **in fünf Jahren** nach der **Auflösung** der Gesellschaft, sofern nicht der Anspruch einer kürzeren Verjährung (zB in den Fällen des § 1486 ABGB) unterliegt. Die Verjährung beginnt mit Ende des Tages zu laufen, an dem die Auflösung (gem § 143) in das Firmenbuch eingetragen wird. Maßgeblich für den Beginn der Verjährungsfrist ist also bemerkenswerterweise nicht die Vollbeendigung der Gesellschaft (idR durch Löschung im Firmenbuch), sondern bereits die Eintragung der Auflösung der Gesellschaft.
6. **Haftung bei Ausscheiden des Gesellschafters:** Aus Sicht der Gläubiger ist es verständlich, dass sich ein Gesellschafter nicht einfach durch sein Ausscheiden aus der OG der Haftung entziehen

können soll. Andererseits besteht aus Sicht des Gesellschafters das ebenfalls verständliche Bedürfnis, nach dem Ausscheiden aus der OG nicht weiter für die Schulden zu haften. Die zwingende Bestimmung des § 160 trägt beiden Bedürfnissen Rechnung und legt eine zeitlich begrenzte „Nachhaftung" des ausscheidenden Gesellschafters fest. Aus welchem Grund der Gesellschafter ausscheidet, ist unbeachtlich; erfasst wird sowohl das freiwillige als auch unfreiwillige Ausscheiden ebenso wie die Übertragung des Gesellschaftsanteiles an eine andere Person.

§ 160 ist komplexer Natur und berücksichtigt außerdem mehrere unterschiedliche Sachverhalte:

- Scheidet der Gesellschafter aus der Gesellschaft aus, so haftet er grundsätzlich nur für ihre **„bis dahin begründeten Verbindlichkeiten"**. Maßgeblich ist nach dem Wortlaut des § 160 Abs 1 nur der Zeitpunkt des Ausscheidens, nicht aber der Zeitpunkt der (deklarativen) Eintragung des Ausscheidens im Firmenbuch. Wurde eine Verbindlichkeit nach dem Ausscheiden, aber vor Eintragung des Ausscheidens im Firmenbuch begründet, so haftet der ausscheidende Gesellschafter dem Wortlaut entsprechend nicht. Allerdings kann die Rechtsscheinhaftung nach § 15 Abs 1 UGB (siehe ORAC-RS UR Allgemeines Unternehmensrecht[8], Seite 30) zum Tragen kommen. Der ausgeschiedene Gesellschafter kann einem Gläubiger, dessen Anspruch im Zeitraum zwischen Ausscheiden und Eintragung des Ausscheidens im Firmenbuch begründet wurde, nicht einwenden, dass dies erst nach dem Ausscheiden erfolgt sei, es sei denn, dass es diesem Gläubiger bekannt war, dass der Ausgeschiedene zu diesem Zeitpunkt nicht mehr Gesellschafter war.
- Der ausgeschiedene Gesellschafter haftet nur für solche Verbindlichkeiten, die bis zum Ausscheiden **begründet** wurden. Nach hA muss der Rechtsgrund für die betreffende Verbindlichkeit vor dem Ausscheiden des Gesellschafters gelegt worden sein. Maßgeblich ist idR der Zeitpunkt des Vertragsabschlusses. Daher werden zB auch aufschiebend bedingte Verbindlichkeiten erfasst, selbst wenn die Bedingung erst nach dem Ausscheiden eingetreten ist. Ohne Bedeutung ist, ob es sich um Ziel- oder Dauerschuldverhältnisse handelt.
- Für begründete Verbindlichkeiten haftet der Gesellschafter nur, wenn sie **vor Ablauf von 5 Jahren** nach dem Ausscheiden **fällig** sind; nach § 160 Abs 2 beginnt die Frist mit dem Ende des Tages, an dem das Ausscheiden des Gesellschafters ins Firmenbuch eingetragen wird. Diese Bestimmung berücksichtigt in erster Linie Dauerschuldverbindlichkeiten (zB Mietverträge, Arbeitsverträge), bei denen der Austausch der einzelnen Leistungen Zug-um-Zug erfolgt.

> **Beispiel:** Am 2. 1. 2015 wird ein Mietvertrag zwischen dem Vermieter und der OG geschlossen, nach dem Vertrag ist die Miete jeweils am Monatsersten im Voraus zu zahlen. Am 31. 1. 2015 scheidet der Gesellschafter X aus der OG aus; am 15. 3. 2015 wird dies im Firmenbuch eingetragen. X haftet für Verbindlichkeiten aus diesem Mietvertrag zeitlich begrenzt weiter. Er kann maximal noch für die Miete März 2020 (die am 1. 3. 2020 fällig wird) zur Haftung herangezogen werden.

- Für Verbindlichkeiten, die vor Ablauf von 5 Jahren nach dem Ausscheiden fällig werden, kann der ausgeschiedene Gesellschafter **innerhalb** der für die jeweilige Verbindlichkeit geltenden **Verjährungsfrist**, längstens jedoch 3 Jahre in Anspruch genommen werden.

> **Beispiel:** Im obigen Beispiel muss die Miete für März 2020 innerhalb der allgemeinen Verjährungsfrist von drei Jahren (§ 1486 Z 4 ABGB), dh bis 1. 3. 2023 gegenüber dem ausgeschiedenen Gesellschafter X geltend gemacht werden (zur Fristberechnung siehe § 902 f ABGB). Der Anspruch zB für die Miete April 2017 würde am 1. 4. 2020 mit Ablauf des Tages (§ 903 ABGB) verjähren.

- Eine **besondere Fallkonstellation** berücksichtigt § 160 Abs 3:
  - Hat ein Gläubiger der OG seine **Leistung** aus einem Vertragsverhältnis schon **vor Ausscheiden** eines Gesellschafters erbracht (zB wurde der OG ein Kredit gewährt, der in Jahresraten rückzahlbar oder am Ende der Laufzeit durch eine einmalige Zahlung zu tilgen ist) und werden seine **Ansprüche** erst **nach** Ablauf von **5 Jahren fällig**, so ist der betreffende Gläubiger vom Ausscheiden zu verständigen. In dieser Verständigung ist auch darauf hinzuweisen, dass der Gläubiger vom ausscheidenden Gesellschafter die **Sicherstellung** seiner Ansprüche (zB durch ein Pfandrecht, Bankgarantie) verlangen kann, wenn ein **wichtiger Grund** vorliegt. Die EB führen als Beispiel für einen wichtigen Grund an, dass „ein wirtschaftlich besonders potenter Gesellschafter die Gesellschaft verlässt". Offensichtlich liegt ein wichtiger Grund dann vor, wenn die Einbringlichkeit der Forderung durch das Ausscheiden des Gesellschafters gefährdet ist. Ein wichtiger Grund liegt daher nicht vor, wenn der Anspruch des Gläubigers ohnedies besichert ist (zB durch ein Pfandrecht, das die OG gewährt hat).
  - Verlangt der Gläubiger eine solche Sicherstellung und wird diese nicht gewährt, so findet § 160 Abs 1 keine Anwendung. Der ausscheidende Gesellschafter haftet dann zeitlich unbeschränkt für die Erfüllung dieser Verbindlichkeit. Gleiches gilt, wenn der Gläubiger vom Ausscheiden des Gesellschafters nicht informiert wird und/oder nicht auf den Sicherstellungsanspruch hingewiesen wird.

  > **Beispiel** (in Anlehnung an OGH 1 Ob 528/85): Zwischen einer OG und einem Dritten wird ein Leibrentenvertrag abgeschlossen. Der Dritte überlässt der Gesellschaft ein Gebäude und diese verpflichtet sich zur Leistung einer monatlichen Rente auf Lebenszeit. Nach Abschluss des Vertrages scheidet ein Gesellschafter aus. Eine vom Rentenberechtigten verlangte Sicherstellung wird nicht gewährt. Für die nach seinem Ausscheiden fällig werdenden Raten haftet der Ausscheidende zeitlich unbeschränkt, weil der Rentenberechtigte vorweg seine gesamte Leistung erbracht hat.

- § 160 Abs 4 regelt die Frage der Haftung eines Gesellschafters, der nur seine **Gesellschafterstellung ändert**, dh vom unbeschränkt haftenden (Komplementär) zum beschränkt haftenden Gesellschafter (Kommanditist) wird. Grundsätzlich gelten jene Regeln (§ 160 Abs 1 bis 3), die beim Ausscheiden eines Gesellschafters zur Anwendung gelangen. Allerdings haftet der Gesellschafter nicht nur für Verbindlichkeiten, die bis zu seinem Ausscheiden als Komplementär, sondern die bis zur **Eintragung** seines Ausscheidens als Komplementär begründet wurden.

7. **Einwendungen des Gesellschafters:** Der vom Gläubiger in Anspruch genommene Gesellschafter muss nicht in jedem Fall leisten. Er kann dem fordernden Gläubiger folgende **Einwendungen** entgegenhalten (§ 129):
   - **Persönliche Einwendungen:** Das sind alle Einwendungen, die in der Person des Gesellschafters begründet sind und die idR auf einem Rechtsverhältnis zwischen dem Gesellschafter und dem Gläubiger der OG beruhen.

     > **Beispiele:** eine ihm persönlich zugesagte Stundung oder Aufrechnung; eine Vereinbarung mit dem Gläubiger, den Gesellschafter für Gesellschaftsschulden nicht persönlich in Anspruch zu nehmen.

   - **Einwendungen der Gesellschaft:** Das sind alle Einwendungen, die die OG dem Gläubiger entgegenhalten kann (§ 129 Abs 1). Das Recht des Gesellschafters, der OG zustehende Einwendungen entgegenhalten zu können, ist Ausdruck der **Akzessorietät** der Gesellschafterhaftung: Muss die Gesellschaft nicht leisten, so muss der Gesellschafter auch nicht haften.

> **Beispiele:** Nichtigkeit des Geschäfts; Erfüllung durch Leistung oder vollzogene Aufrechnung; Verjährung; Stundung; Einwendung des nicht erfüllten Vertrages seitens des Gläubigers.

- **Gestaltungsrechte der Gesellschaft:** Der Gesellschafter hat ein **Leistungsverweigerungsrecht**, solange die Gesellschaft das zugrundeliegende Rechtsgeschäft anfechten kann (zB wegen Irrtum; § 129 Abs 2) oder der Gesellschaft ein Aufrechnungsrecht zusteht (§ 129 Abs 2). Diese Bestimmung wird auf andere Gestaltungsrechte (zB Wandlung, Preisminderung) analog angewendet.

8. **Der Gesellschafter als Gläubiger „seiner" Gesellschaft:** Gläubiger der OG kann nicht nur ein außenstehender Dritter, sondern auch ein **Gesellschafter** sein. Es stellt sich bei dieser Konstellation die Frage, ob und wie die Mitgesellschafter für derartige Forderungen des Gesellschafters bzw Verbindlichkeiten der OG haften. Die Antwort hängt davon ab, ob die Ansprüche ihren Ursprung im Gesellschaftsverhältnis haben oder es sich um außergesellschaftliche Verpflichtungen handelt:

   a) **Sozialansprüche**: Die Forderungen des Gesellschafters entspringen dem Gesellschaftsverhältnis. Für derartige Verbindlichkeiten haftet nur die Gesellschaft, nicht aber die Mitgesellschafter. Müsste ein Mitgesellschafter dafür haften, so wäre dies eine Erhöhung der vereinbarten Einlageverpflichtung, wozu der Gesellschafter aber grundsätzlich nicht verpflichtet ist.

   > **Beispiele** für Sozialverbindlichkeiten: Anspruch auf Auszahlung des Gewinnanteils nach § 122; Ansprüche auf Ersatz von Barauslagen für die Gesellschaft (§ 110).

   b) **Tilgung einer Gesellschaftsschuld:** Hat ein Gesellschafter – freiwillig oder unfreiwillig, weil er von einem Gläubiger in Anspruch genommen wurde – eine Gesellschaftsschuld getilgt, so wurzelt sein Anspruch zwar auch im Gesellschaftsverhältnis. Genau genommen ist die Begleichung einer Gesellschaftsschuld eine Aufwendung im Sinne von § 110 Abs 1. Nach hM kann aber der Gesellschafter bei den Mitgesellschaftern regressieren, sofern eine Befriedigung aus dem Gesellschaftsvermögen nicht möglich ist; die Haftung der Mitgesellschafter basiert grundsätzlich auf § 128 mit gewissen Modifikationen. Die Höhe des Regressanspruchs gegen die Mitgesellschafter richtet sich nach hL nach der Verlustbeteiligung der jeweiligen Gesellschafter, sofern dafür keine Sondervereinbarung getroffen wurde. Sein eigener Verlustanteil ist zu berücksichtigen und von ihm selbst zu tragen. Da gem § 121 Abs 1 der Verlust im Verhältnis der Beteiligung verteilt wird, ist im Ergebnis das Beteiligungsverhältnis maßgeblich. Tilgt also der Gesellschafter eine Gesellschaftsschuld, so kann er von der Gesellschaft 100 % des von ihm aufgewendeten Betrages als Ersatz verlangen. Kann die Gesellschaft nicht leisten, besteht der Regressanspruch gegenüber den Mitgesellschaftern 100 % abzüglich der eigenen Beteiligung. Nach überwiegender Ansicht haften die übrigen Gesellschafter nicht solidarisch (wie in § 128 angeordnet), sondern anteilsmäßig (§ 896 ABGB).

   > **Beispiel:** Die Gesellschafter A, B und C haben zu jeweils 1/3 einen allfälligen Verlust zu tragen. Tilgt der Gesellschafter A eine Gesellschaftsschuld in Höhe von € 15.000, so kann er von den Gesellschaftern B und C jeweils € 5.000 verlangen.

   Kann einer der in Anspruch genommenen Mitgesellschafter nicht leisten, so ist nach § 896 ABGB sein Anteil von den übrigen Gesellschaftern anteilig zu tragen.

c) **Drittgläubigeransprüche:** Beruht der Anspruch eines Gesellschafters gegen „seine" OG auf einer außergesellschaftlichen Vereinbarung (zB der Gesellschafter verkauft oder verpachtet seiner Gesellschaft eine Liegenschaft oder er gewährt ihr einen Kredit), so kommen die unter Punkt b) genannten Rechtsfolgen zu tragen. Der Gesellschafter muss sich also hinsichtlich der Forderung aus diesem Rechtsverhältnis nach hL zunächst an die Gesellschaft wenden. Wenn er aus dem Gesellschaftsvermögen keine Befriedigung erlangt, kann er subsidiär bei seinen Mitgesellschaftern regressieren, muss aber auch hier wiederum die Regressforderung entsprechend seiner Beteiligung reduzieren.

Beachte: Zu den Drittgläubigeransprüchen zählt auch der Abfindungsanspruch des ausgeschiedenen Gesellschafters! Der Abfindungsanspruch entsteht nach hA erst mit dem Ausscheiden aus der Gesellschaft. Der Ausgeschiedene ist nach Ansicht des OGH daher nicht mehr Gesellschafter, sodass sein Abfindungsanspruch ein Drittgläubigeranspruch ist. Für den Betrag haften die Gesellschaft und die verbleibenden Gesellschafter.

9. **Die Haftung in der Insolvenz:** Wird über die Gesellschaft das Konkursverfahren eröffnet, so bestehen bezüglich der Haftung der Gesellschafter keine Besonderheiten. Wird im Insolvenzverfahren ein Sanierungsplan gerichtlich bestätigt (§ 152 IO), kommen die Rechtswirkungen des Sanierungsplans (siehe § 156 IO) grundsätzlich auch den Gesellschaftern zustatten (§ 164 IO). Der Gesellschafter wird daher von jenen Verbindlichkeiten befreit, die über die Sanierungsplanquote (mindestens 20 % innerhalb von längstens zwei Jahren zahlbar; § 141 IO) hinausgehen. Eine Ausnahme besteht lediglich dann, wenn der Gesellschafter mit dem Gläubiger eine über die Gesellschafterhaftung nach § 128 hinausgehende Haftungsvereinbarung (zB durch eine Bürgschaftserklärung des Gesellschafters) getroffen hat. In diesem Fall kommt dem Gesellschafter nach Auffassung des OGH die Rechtswirkung des § 164 IO nicht zu Gute.

   Soll gleichzeitig mit der Eröffnung eines Insolvenzverfahrens über das Vermögen einer OG oder im Laufe eines solchen Insolvenzverfahrens auch das Insolvenzverfahren über das Vermögen eines unbeschränkt haftenden Gesellschafters eröffnet werden, so ist jenes Gericht zuständig, bei dem das Verfahren im Gesellschaftsinsolvenzverfahren anhängig ist (§ 65 IO). Gläubiger der OG sind im Insolvenzverfahren gegen einen unbeschränkt haftenden Gesellschafter nur mit dem Betrag zu berücksichtigen, der durch die Geltendmachung im Konkurs der OG nicht befriedigt wird. Die Feststellung des Ausfalls des Gläubigers im Konkurs der OG kann erst bei der Verteilung der Konkursmasse erfolgen.

E. Gesellschafterwechsel

Wesentlich für Personengesellschaften ist die personelle Zusammensetzung des Gesellschafterkreises. Daher geht das Gesetz davon aus, dass der Wegfall eines Gesellschafters durch Tod oder Konkurs als Folge der gesamthandschaftlichen Verbundenheit grundsätzlich die Auflösung der Gesellschaft mit sich zieht. Die Gesamthandbindung der Gesellschafter kommt aber auch in § 124 Abs 1 zum Ausdruck; demnach kann ein Gesellschafter nicht ohne Zustimmung aller Gesellschafter über seinen Gesellschaftsanteil verfügen, soweit im Gesellschaftsvertrag nichts anderes bestimmt ist. Aus dieser Bestimmung lässt sich erkennen, dass eine **Änderung im Gesellschafterbestand** auch bei Personengesellschaften nicht schlechthin unmöglich, sondern in der Entscheidungsgewalt der Gesellschafter liegt.

Unter dem Begriff Gesellschafterwechsel werden vier Tatbestände erfasst:

- jemand tritt in eine Gesellschaft ein, ohne dass gleichzeitig ein anderer Gesellschafter ausscheidet;
- jemand scheidet aus einer Gesellschaft aus, ohne dass gleichzeitig ein neuer Gesellschafter eintritt;

- ein Gesellschafter scheidet aus und an dessen Stelle tritt ein neuer Gesellschafter ein;
- im Rahmen der Erbfolge ändert sich der Gesellschafterbestand.

I. Der Eintritt eines Gesellschafters

Der **Eintritt** eines **neuen Gesellschafters** setzt einen Aufnahmevertrag zwischen dem Eintretenden und den übrigen Gesellschaftern voraus. Im Gesellschaftsvertrag können entsprechende abweichende Regelungen vorgesehen werden, wie etwa Mehrheitsbeschlüsse. Es kann sogar vorgesehen sein, dass einem Gesellschafter das Recht zukommt, über den Aufnahmeantrag alleine zu entscheiden. Mit Abschluss des Aufnahmevertrages wird der neu Eintretende Gesellschafter, es sei denn, dass im Gesellschaftsvertrag ein anderer Zeitpunkt vereinbart wurde. Die Eintragung des Eintritts im Firmenbuch hat nur **deklarative** Wirkung. Der eintretende Gesellschafter hat an der Eintragung mitzuwirken (§ 107).

Die Modalitäten des Beitritts sind im Aufnahmevertrag zu regeln. Zu klären ist insbesondere, ob der Beitretende eine Einlage zu leisten hat und ihm Geschäftsführungs- und Vertretungsbefugnis zukommen soll. Bezüglich der Haftung des Eintretenden für Altschulden ist § 130 maßgeblich.

II. Das Ausscheiden eines Gesellschafters

Das **Ausscheiden** eines Gesellschafters kann entweder freiwillig oder zwangsweise erfolgen.

1. Ein **freiwilliges Ausscheiden** ist nur möglich, wenn alle Gesellschafter zustimmen oder eine entsprechende Vorkehrung im Gesellschaftsvertrag in Form einer Kündigungsmöglichkeit getroffen wurde. Diese Kündigung der Mitgliedschaft (= **Austrittskündigung**) ist von der in den §§ 132 und 133 vorgesehenen Kündigung der Gesellschaft (= **Auflösungskündigung**; siehe unten Seite 52 f) zu unterscheiden.
2. Das **Ausscheiden** eines Gesellschafters gegen seinen Willen kann durch eine **Ausschlussklage nach § 140** erreicht werden.

   a) **Voraussetzungen für die Ausschlussklage nach § 140:** Ein Ausschluss eines Gesellschafters ist nur zulässig, wenn folgende Voraussetzungen vorliegen:

   - In der Person des Auszuschließenden muss ein **wichtiger Grund** vorliegen, der die Fortsetzung der Gesellschaft mit dem betreffenden Gesellschafter unzumutbar macht. Ein Verschulden des Gesellschafters ist nicht erforderlich; bei der Prüfung des wichtigen Grundes ist aber ein **strenger Maßstab** anzulegen und eine umfassende **Interessensabwägung** vorzunehmen.

     > **Beispiele** für wichtige Gründe: Nichteinbringung der Einlage; Veruntreuung von Gesellschaftsvermögen; Verstöße gegen das Wettbewerbsverbot; Rücksichtslosigkeit und Illoyalität gegenüber Mitgesellschaftern; Tätlichkeit gegenüber Mitgesellschaftern oder das vorsätzliche Begehen sonstiger strafbarer Handlungen.

   - Der Ausschluss ist aufgrund der Schwere des Eingriffs in die Rechte des Gesellschafters nur dann zulässig, wenn sich kein anderer zumutbarer Weg findet, den Missstand zu beseitigen.

     > **Beispiel**: Verletzt ein Gesellschafter seine Geschäftsführungspflichten, so wird dieser Mangel regelmäßig durch die Entziehung der Geschäftsführungsbefugnis (siehe § 117 Abs 1) beseitigt werden können.

- Die Ausschlussklage ist auch dann zulässig, wenn nach einer erfolgreichen Klage gegen einen oder mehrere Gesellschafter nur mehr eine Person übrig bleibt (§ 140 Abs 1). Weil aber eine OG mindestens zwei Gesellschafter haben muss (§ 105 letzter Satz), erlischt die Gesellschaft mit dem Zeitpunkt, zu dem nur mehr ein Gesellschafter übrig bleibt; das Gesellschaftsvermögen geht im Wege der Gesamtrechtsnachfolge auf den verbleibenden Gesellschafter über (§ 142); eine Liquidation findet nicht statt.

b) **Verfahren:** Der Ausschluss erfolgt auf Klage aller **übrigen** Gesellschafter. Kläger sind die Gesellschafter und nicht die Gesellschaft! Verweigert ein Gesellschafter die Mitwirkung bei der Ausschlussklage, so kann er auf Mitwirkung geklagt werden. Die Kläger bilden eine Streitgenossenschaft.

c) **Vertragliche Abweichungen:** § 140 ist **nicht zwingend**. Der Gesellschaftsvertrag kann das Ausschließungsrecht beseitigen, einschränken und auch erweitern, indem etwa ein anderes Verfahren gewählt wird. In der Praxis wird häufig vorgesehen, dass ein Gesellschafter durch **Ausschließungsbeschluss** oder **Ausschließungserklärung** eines Organs (zB Beirat) ausgeschlossen werden kann. Überdies kann der Gesellschaftsvertrag auch bestimmen, dass bestimmte Gründe zur Ausschließung berechtigen oder nicht berechtigen. Eine Vereinbarung, einen Gesellschafter auch ohne Vorliegen eines wichtigen Grundes ausschließen zu können, kann allerdings nicht getroffen werden.

3. **Rechtsfolgen des Ausscheidens**

Mit Zugang der Austrittskündigung (oben unter 1.), Rechtskraft des Urteils, mit dem der Ausschlussklage stattgegeben wird (oben unter 2.), oder Ausschließungsbeschluss bzw Ausschließungserklärung (oben unter 2c.) scheidet der Gesellschafter aus der Gesellschaft aus. Die Identität der Gesellschaft wird aufgrund ihrer eigenen Rechtssubjektivität durch das Ausscheiden nicht verändert, dh die Verbleibenden begründen keine neue Gesellschaft, sondern führen nur die bisherige fort. Nur in jenen Fällen, in denen nur mehr ein Gesellschafter übrig bleibt, erlischt die Gesellschaft; der Verbleibende übernimmt die Aktiva und Passiva im Wege der **Gesamtrechtsnachfolge**.

a) **Gesetzliche Rechtsfolgen:** In weiterer Folge hat die „Auseinandersetzung mit dem ausscheidenden Gesellschafter" (§ 137) zu erfolgen. Dies bedeutet vor allem, dass die vermögensrechtlichen Beziehungen zwischen der Gesellschaft und dem ausscheidenden Gesellschafter zu regeln sind. Mangels abweichender Vereinbarung im Gesellschaftsvertrag kommen die §§ 137, 138 zum Tragen:

- Gegenstände, die der Gesellschafter der Gesellschaft bloß zur Nutzung überlassen hat (Einbringung quoad usum), sind ihm **zurückzugeben** (§ 137 Abs 1). Über das Schicksal von Gegenständen, die der Gesellschafter quoad sortem (siehe oben Seite 23) eingebracht hat, sagt das Gesetz nichts. Auch in der Lehre wird die Frage nicht einheitlich beantwortet. In mehreren (allerdings eine GesbR betreffenden) Entscheidungen hat der OGH die Meinung vertreten, dass sie wie quoad dominium eingebrachte Vermögensgegenstände zu behandeln sind. Allerdings ging es in den Anlassfällen nicht um das Ausscheiden eines Gesellschafters, sondern um die Auflösung der Gesellschaft. Qualifiziert man die Einbringung quoad sortem als eine Form der Treuhandschaft, wird das Ausscheiden des Gesellschafters idR auch die Auflösung des Treuhandverhältnisses zur Folge haben. Die OG wird daher nicht nur wirtschaftlicher (wie bisher), sondern auch rechtlicher Eigentümer der Sache.

- Der Ausscheidende hat Anspruch auf eine seinem Anteil an der Gesellschaft entsprechende **Abfindung** (§ 137 Abs 2). Mit dem Zeitpunkt des Ausscheidens aus der Gesellschaft erhält der frühere Gesellschafter einen **schuldrechtlichen** Abfindungsanspruch, für den die Gesellschaft und damit auch die verbleibenden Gesellschafter haften. Ab diesem Zeitpunkt ist der Abfindungsbetrag zu verzinsen. Die **Höhe** des Abfindungsbetrages ist durch „Schätzung" zu ermitteln. Es ist also der Verkehrswert (vgl §§ 305 f ABGB: „gemeine Preis") des Unternehmens festzustellen. In der Praxis erfolgt dies durch eine **Unternehmensbewertung**, für die unterschiedliche betriebswirtschaftliche Methoden (Ertragswertverfahren, Substanzwertverfahren, Discounted cash-flow-Verfahren etc) zur Verfügung stehen. Der Fachsenat für Betriebswirtschaft und Organisation der Kammer der Wirtschaftstreuhänder hat ein Fachgutachten (bekannt unter der Abkürzung KFS BW 1) publiziert, das die Grundsätze festlegt, nach denen Wirtschaftstreuhänder Unternehmen bewerten. In der Praxis erfolgt die Unternehmensbewertung häufig auf Basis dieses Gutachtens.

Bewertungsstichtag ist der Tag des Ausscheidens. Nur im Fall des gerichtlichen Ausschlusses ist der Tag der Einbringung der Klage maßgebend (§ 140 Abs 2); dadurch soll der Gefahr der Prozessverschleppung durch eine Partei vorgebeugt werden.

- Der Ausscheidende ist von den **Gesellschaftsschulden zu befreien** (§ 137 Abs 3). Dieser Anspruch bezieht sich naturgemäß nur auf Verbindlichkeiten, die bis zu seinem Ausscheiden begründet wurden („Altschulden"). Für Neuschulden haftet der Ausscheidende ohnedies nicht mehr. Die Befreiung kann durch Beseitigung der Schuld (zB durch deren Erfüllung) oder der Haftung des Ausscheidenden (zB indem eine Haftungsfreistellungserklärung der Gläubiger besorgt wird) erfolgen. Für noch nicht fällige Schulden kann die Gesellschaft dem Gesellschafter Sicherheiten leisten. Die Befreiung des Ausscheidenden bezieht sich nur auf das **Innenverhältnis.** Im Außenverhältnis besteht weiterhin die Haftung nach Maßgabe des § 160.
- Verbleibt dem ausscheidenden Gesellschafter eine Verbindlichkeit aus dem Gesellschaftsverhältnis, so ist er verpflichtet, einen Ausgleich in entsprechender Höhe an die Gesellschaft zu leisten (§ 137 Abs 4). Nach den EB soll der ausscheidende Gesellschafter für den Fall, dass sein Kapital- und Verrechnungskonto in Summe einen Negativsaldo ausweist, diesen bei Ausscheiden aus der Gesellschaft durch eine Zahlung ausgleichen.
- Am Gewinn und Verlust von **schwebenden Geschäften** nimmt der Ausscheidende noch teil (§ 138). Ein schwebendes Geschäft ist ein die Gesellschaft im Zeitpunkt des Ausscheidens bereits bindendes, aber von beiden Vertragspartnern noch nicht voll erfülltes Geschäft. Der Ausgeschiedene kann am Schluss jedes Geschäftsjahrs Rechenschaft über die inzwischen beendeten Geschäfte, Auszahlung des ihm gebührenden Betrages und Auskunft über den Stand der noch offenen Geschäfte verlangen.

b) **Durch Gesellschaftsvertrag modifizierte Rechtsfolgen:** Die Rechtsfolgen der §§ 137, 138 sind **dispositiv.** In der Praxis wird daher häufig von den im Gesetz vorgesehenen sonstigen Rechtsfolgen abgewichen, wobei insbesondere bezüglich des Abfindungsbetrages einige Schranken zu beachten sind. **Unzulässig** sind vor allem Vereinbarungen, wonach einem Gesellschafter beim Ausscheiden überhaupt kein Abfindungsanspruch zusteht. Eine Grenze sieht die hL und Rsp auch in der sog **Buchwertklausel.** Darunter versteht man die Vereinbarung, dass zur Berechnung des Abfindungsguthabens nur die Werte aus der Jahresbilanz oder einer Zwischenbilanz übernommen werden, die sich häufig aufgrund von Bewertungsvorschriften des UGB von den tatsächlichen Werten unterscheiden.

Beispiele: Gegenstände des Anlagevermögens können gem § 203 Abs 1 nur mit den seinerzeitigen Anschaffungs- oder Herstellungskosten in der Bilanz angesetzt werden. Hat die Gesellschaft vor Jahren eine Liegenschaft erworben, so wird diese mit den seinerzeitigen Anschaffungskosten bilanziert, selbst wenn der objektive Wert der Liegenschaft nunmehr weitaus höher ist. Nach § 197 Abs 2 dürfen immaterielle Gegenstände des Anlagevermögens, die nicht entgeltlich erworben wurden, nicht in der Bilanz aktiviert werden. Das bedeutet, dass zB der Wert einer Marke nicht in der Bilanz aufscheint und daher bei einer Buchwertklausel nicht bei der Berechnung des Abfindungsguthabens berücksichtigt wird.

Buchwertklauseln sind grundsätzlich zulässig, können aber im Einzelfall sittenwidrig sein, wenn die Buchwerte von den tatsächlichen Werten (Verkehrswerten) stark abweichen. Als Maßstab für die Sittenwidrigkeit kann die Wertung des § 934 ABGB (laesio enormis) herangezogen werden.

III. Die Übertragung der Mitgliedschaft

Aus dem personalistischen Charakter der Personengesellschaft und dem daraus abgeleiteten Prinzip der engen persönlichen Verbundenheit der Gesellschafter ergibt sich – im Gegensatz zu den Kapitalgesellschaften – die prinzipielle Unübertragbarkeit des Gesellschaftsanteils bzw der Mitgliedschaft. Über ihn kann nur verfügt werden, sofern dies im **Gesellschaftsvertrag vorgesehen** ist (§ 124 Abs 1) oder die **übrigen Gesellschafter** ihre **Zustimmung ad hoc** erklären. Die Übertragung der Mitgliedschaft ist als ein **einaktiger Vorgang** zu qualifizieren; es ist also nicht notwendig, den Gesellschafterwechsel gedanklich in das Ausscheiden und das Eintreten von Gesellschaftern zu zerlegen. Der Erwerber wird Einzelrechtsnachfolger des ausscheidenden Gesellschafters. Der Gesellschaftsanteil ist eine unkörperliche Sache; die Übertragung erfordert einen Titel (zB Kauf-, Tausch- oder Schenkungsvertrag) und Modus; nach überwiegender Auffassung erfolgt die Übertragung durch Zession (als kausales Verfügungsgeschäft). Angesichts der Tatsache, dass nicht nur Rechte, sondern auch Pflichten übertragen werden, ist das Verfügungsgeschäft wohl eher als Vertragsübernahme zu qualifizieren. Mit Übertragung erlangt der Erwerber grundsätzlich die Rechtsposition des Veräußerers; lediglich höchstpersönliche Rechte gehen nicht auf den Erwerber über.

Mit Zustimmung der übrigen Gesellschafter kann (ähnlich wie bei der GmbH; vgl § 79 GmbHG) der Gesellschaftsanteil auch **geteilt** werden und der bisherige Anteil somit nur zu einem Teil übertragen werden.

IV. Tod eines Gesellschafters

Überblick

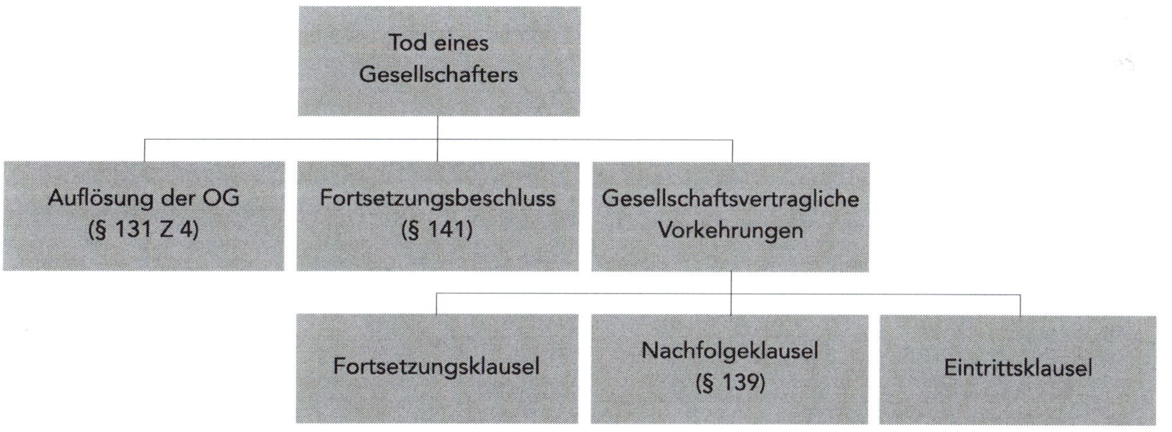

Der **Tod** eines Gesellschafters hat grundsätzlich die **Auflösung** der Gesellschaft zur Folge (§ 131 Z 4). Die verbleibenden Gesellschafter können die **Fortsetzung** der Gesellschaft einstimmig beschließen (§ 141). Einer Zustimmung der Erben bedarf es nicht. Bereits im Gesellschaftsvertrag kann entsprechend vorgesorgt werden. Grundsätzlich stehen für die Fortführung der Gesellschaft nach dem Tod eines Gesellschafters drei Möglichkeiten offen:

- Die Gesellschafter können die Fortsetzung nur unter den verbleibenden Gesellschaftern vereinbaren **(„Fortsetzungsklausel")**.

- Die Gesellschaft kann mit dem (den) Erben fortgesetzt werden (**„Nachfolgeklausel"**).
- Für die Erben oder sonstige Personen kann ein Eintrittsrecht vorgesehen werden (**„Eintrittsklausel"**).

1. Die Fortsetzungsklausel

Mit dieser Klausel wird der in § 131 Z 4 festgelegte Auflösungsgrund gesellschaftsvertraglich abbedungen und festgelegt, dass nach dem Tod eines Gesellschafters die OG unter den verbleibenden fortgesetzt wird. Dies ist aber nur möglich, wenn nach dem Tod noch mindestens zwei Gesellschafter übrigbleiben. Aufgrund einer derartigen Klausel erlischt durch den Tod und dem damit verbundenen Verlust der Rechtsfähigkeit des Gesellschafters die Mitgliedschaft an der OG. In den Nachlass fällt daher nicht der Gesellschaftsanteil, sondern nur der Abfindungsanspruch, der ihm bzw dessen Erben bei Ausscheiden aus der Gesellschaft zusteht. Nach überwiegender Auffassung ist es sogar zulässig, im Gesellschaftsvertrag den Anspruch auf Leistung einer Abfindung gänzlich auszuschließen. Die Judikatur qualifiziert eine derartige Vereinbarung als ein entgeltliches Geschäft; dies hat insbesondere zur Folge, dass der Abfindungsanspruch bei der Berechnung des Pflichtteilsanspruchs nicht nach § 785 ABGB in Anschlag zu bringen ist. Diese Auffassung des OGH wird von einem Teil der Lehre kritisiert.

Die Fortsetzungsklausel war seinerzeit in § 138 HGB geregelt. Im UGB wird sie nicht mehr erwähnt. Die EB begründen dies damit, dass eine Fortführung der Gesellschaft unter den verbleibenden Gesellschaftern selbstverständlich sei und daher nicht ausdrücklich geregelt werden muss.

2. Die Nachfolgeklausel (§ 139)

Auch mit der **Nachfolgeklausel** wird der Auflösungsgrund des § 131 Z 4 im Gesellschaftsvertrag abbedungen, in diesem Fall aber die Fortsetzung der Gesellschaft mit dem bzw den Erben vorgesehen. Mit dem Tod des Gesellschafters wird bis zur Einantwortung die Gesellschaft mit der Verlassenschaft fortgesetzt (§ 139 Abs 1). Die Verlassenschaft, die gem § 810 ABGB grundsätzlich durch den Erben vertreten wird, übt bis zur Einantwortung die Gesellschafterrechte aus. Das Verlassenschaftsprovisorium ist nach § 4 Z 2 FBG iVm § 32 ins Firmenbuch einzutragen.

Nach der inhaltlichen Ausgestaltung differenziert man zwischen einfachen und qualifizierten Nachfolgeklauseln.

> **Beispiel** für eine einfache Nachfolgeklausel: „Durch den Tod eines Gesellschafters wird die Gesellschaft nicht aufgelöst, sondern mit seinen Erben fortgesetzt."

> **Beispiel** für eine qualifizierte Nachfolgeklausel: „Mit dem Tod eines Gesellschafters wird die Gesellschaft nicht aufgelöst, sondern mit dem ältesten männlichen leiblichen Nachkommen des Verstorbenen fortgesetzt."

a) **Einfache Nachfolgeklausel:** Mit Einantwortung tritt der **einzige Erbe** in die Gesellschaft ein, ohne dass es der Zustimmung der übrigen Gesellschafter oder einer Eintrittserklärung des Erben bedarf. Sind **mehrere** (gesetzliche oder testamentarische) **Erben** vorhanden, so wird grundsätzlich jeder einzelne Erbe Gesellschafter; eine Erbengemeinschaft kann nämlich aufgrund fehlender Rechtspersönlichkeit nicht Gesellschafterin der OG werden. Der Gesellschaftsanteil des Verstorbenen wird daher entsprechend der Erbquote auf die Erben aufgeteilt (**„Aufspaltung der Mitgliedschaftsrechte"**). Die Verwaltungsrechte (zB Geschäftsführungs- und Vertretungsbefugnis, Kontrollrecht etc) stehen allen Erben im vollen Ausmaß zu; die Vermögensrechte werden hingegen entsprechend der Zahl und Größe der Erbanteile zerlegt.

> **Beispiel:** War der Erblasser zu 1/3 am Vermögen und Gewinn beteiligt und hat er drei Kinder als gesetzliche Erben, so sind diese nach der Einantwortung zu jeweils 1/9 am Vermögen und Gewinn beteiligt.

b) **Qualifizierte Nachfolgeklausel:** Hier wird im Gesellschaftsvertrag festgelegt, dass nicht jeder Erbe, sondern nur ein solcher, der bestimmte Voraussetzungen erfüllt, Nachfolger des verstorbenen Gesellschafters sein soll. Die Gesellschafterstellung wird mit Einantwortung erworben, ohne dass es dazu eines weiteren Rechtsaktes bedarf. Auch wenn es mehrere (testamentarische oder gesetzliche) Erben gibt, fällt nach hL dem Nachfolgeberechtigten der gesamte Anteil zu und nicht nur derjenige Teil, der seiner Erbquote entspricht. Die **übrigen Erben** haben nur Anspruch auf einen entsprechenden Wertausgleich gegen den Gesellschafter-Erben, nicht aber Ansprüche gegen die Gesellschaft. Durch entsprechende letztwillige Verfügung kann aber auch der Anspruch auf Wertausgleich – soweit nicht Pflichtteilsansprüche bestehen – beseitigt werden.

c) **Wahlrecht des Nachfolgeberechtigten:** Sowohl bei der einfachen als auch der qualifizierten Nachfolgeklausel kann nach § 139 Abs 1 jeder Erbe sein Verbleiben in der Gesellschaft davon abhängig machen, dass ihm unter Belassung des bisherigen Gewinnanteils die Stellung eines Kommanditisten eingeräumt und der auf ihn fallende Teil seiner Einlage als Kommanditeinlage anerkannt wird. Dieses zwingende, nicht durch Gesellschaftsvertrag – wohl aber letztwillige Verfügung – abdingbare Wahlrecht ist vom Nachfolger innerhalb von drei Monaten nach Einantwortung geltend zu machen.

   - Stimmen die Gesellschafter zu, wird der antragstellende Erbe Kommanditist und die bisherige OG zur KG.
   - Lehnen die Gesellschafter den Antrag ab (Ablehnung durch einen einzigen Gesellschafter genügt!), so kann der Erbe innerhalb von drei Monaten nach Einantwortung sein Ausscheiden aus der Gesellschaft erklären (§ 139 Abs 2). Die Auseinandersetzung richtet sich nach den Vorschriften der §§ 137, 138.

   Das Wahlrecht steht dem Erben nicht zu, wenn er bereits Komplementär dieser Gesellschaft ist; dann kann er nicht mit dem geerbten Anteil Kommanditist werden. Denn nach hA kann niemand in einer Gesellschaft gleichzeitig Komplementär und Kommanditist sein.

d) **Haftung des Nachfolgeberechtigten:** Scheidet der Nachfolgeberechtigte innerhalb der Dreimonatsfrist aus der Gesellschaft aus bzw wird er innerhalb dieser Frist Kommanditist, so haftet er für die bis dahin entstandenen Gesellschaftsverbindlichkeiten nach Maßgabe der Erbantrittserklärung.

> **Beispiel:** Hat der Erbe eine bedingte Erbantrittserklärung (§ 802 ABGB) abgegeben, so haftet er für Gesellschaftsschulden zwar persönlich mit seinem Privatvermögen, jedoch nur bis zum Wert der ihm zugekommenen Verlassenschaft. Bei einer unbedingten Erbantrittserklärung (§ 801 ABGB) haftet er unbeschränkt mit seinem gesamten Privatvermögen.

   Bleibt der Erbe nach Ablauf der Dreimonatsfrist Komplementär, so haftet er unbeschränkt für alle Gesellschaftsschulden (§ 130 iVm § 128).

3. Die Eintrittsklausel

Der Gesellschaftsvertrag kann aufgrund der bestehenden Vertragsfreiheit bestimmten Personen das **Recht** einräumen, im Fall des Todes eines bestimmten Gesellschafters in die Gesellschaft einzutreten. Es handelt sich dabei um einen **Vertrag zugunsten Dritter**. Dieser kann ein Erbe oder aber auch eine sonstige beliebige Person sein.

Beispiele: „Die Erben sind im Fall des Todes eines Gesellschafters berechtigt, in die Gesellschaft einzutreten"; „Herr/Frau X ist im Fall des Todes des Gesellschafters Y berechtigt, in die Gesellschaft einzutreten. Macht X von seinem Recht nicht Gebrauch, wird die Gesellschaft unter den verbleibenden Gesellschaftern fortgesetzt" (Eintrittsklausel mit ausdrücklicher Fortsetzungsklausel).

Im Unterschied zur Nachfolgeklausel wird der Eintrittsberechtigte **nicht automatisch Rechtsnachfolger** des Verstorbenen in den Gesellschaftsanteil, sondern erst aufgrund einer Erklärung des Eintrittsberechtigten bzw eines Vertrages zwischen diesem und der Gesellschaft. Es hängt von der Entscheidung des Berechtigten ab, ob er Gesellschafter wird. Durch letztwillige Anordnung kann allerdings eine erbrechtlich zu beurteilende Eintrittspflicht begründet werden.

Mit dem Eintritt entsteht eine **neue Mitgliedschaft**; es wird nicht die Mitgliedschaft des Erblassers übertragen. In den Nachlass fällt nur der Abfindungsanspruch, nicht aber der Gesellschaftsanteil des Verstorbenen. Der Eintrittsberechtigte hat bei seinem Eintritt grundsätzlich auch eine Einlage zu leisten. Vielfach wird eine gesellschaftsrechtliche Eintrittsklausel mit einer letztwilligen Verfügung (zB Vermächtnis) verbunden, die dem Eintrittsberechtigten im Fall der Ausübung des Eintrittsrechts das Auseinandersetzungsguthaben zukommen lässt.

F. Die Beendigung der Gesellschaft

Die Beendigung der OG erfolgt grundsätzlich in zwei Phasen. Ist ein die **Auflösung** auslösender Sachverhalt erfüllt, tritt die Gesellschaft in das Stadium der **Abwicklung**. Die Gesellschaft ist aber nicht beendet, sondern sie besteht zunächst fort. Es ändert sich nur **ihr Zweck**: War dieser bisher auf Erfüllung ihres wirtschaftlichen oder ideellen Zwecks gerichtet („werbende Gesellschaft"), so besteht er nunmehr in der Abwicklung und Beendigung aller geschäftlichen Beziehungen. Die Gesellschaft ist erst **vollbeendigt**, wenn die Abwicklung durchgeführt, das gesamte Gesellschaftsvermögen verteilt und die OG im Firmenbuch gelöscht ist.

Von der Auflösung der OG sind jene Fälle zu unterscheiden, in denen die Gesellschaft **automatisch vollbeendigt** ist oder aber lediglich ihr Rechtskleid wechselt **(identitätswahrender Formwechsel)**.

Beispiele: Wenn alle Gesellschaftsanteile durch Ausscheiden oder Ausschluss der übrigen Gesellschafter in einer Person zusammenfallen, erlischt die Gesellschaft und das Gesellschaftsvermögen fällt im Wege der Gesamtrechtsnachfolge auf den verbleibenden Gesellschafter (§ 142). Keine OG, wohl aber eine andere Gesellschaftsform liegt vor, wenn im Fall des Todes eines Gesellschafters der eintretende Erbe von seinem Wahlrecht nach § 139 Gebrauch macht und Kommanditist wird. Dann wandelt sich die OG in eine KG, ohne dass es zu einer Vermögensübertragung kommt, weil die Identität des Rechtsträgers sich nicht ändert.

I. Die Auflösungsgründe

Die **gesetzlichen Auflösungsgründe** sind nach hM **taxativ** in § 131 aufgezählt. Der Eintritt eines Auflösungsgrundes bedeutet nicht zwingend, dass die Gesellschaft vollbeendigt werden muss. Die Gesellschafter können durch vertragliche Gestaltung bestimmen, dass der Eintritt eines gesetzlichen Auflösungsgrundes (mit Ausnahme der Konkurseröffnung über das Vermögen der Gesellschaft!) bei der konkreten Gesellschaft nicht zur Auflösung führt.

Beispiele: Für den Fall des Todes eines Gesellschafters kann vorgesehen werden, dass die Gesellschaft unter den verbleibenden Gesellschaftern oder aber mit den Erben des Verstorbenen fortgeführt wird. Wird über einen Gesellschafter das Konkursverfahren eröffnet, kann der Gesellschaftsvertrag sein Ausscheiden und die Fortführung unter den übrigen Gesellschaftern vorsehen. Anstelle einer Auflösungskündigung kann eine Austrittskündigung vereinbart werden.

Im Gesellschaftsvertrag können überdies beliebige **vertragliche Auflösungsgründe** festgelegt werden.

1. **Der Katalog der gesetzlichen Auflösungsgründe**

   a) **Zeitablauf:** Im Gesellschaftsvertrag kann die Dauer der Gesellschaft kalendermäßig festgelegt sein (zB „nach Ablauf von fünf Jahren seit Eintragung der Gesellschaft im Firmenbuch"; „Die Dauer der Gesellschaft wird mit 31. 12. 2018 begrenzt"); als Endtermin kann aber auch der Eintritt eines bestimmten Ereignisses festgelegt werden (zB „Die Gesellschaft wird mit Ende des Geschäftsjahres aufgelöst, in dem erstmalig im Jahresdurchschnitt weniger als zehn Arbeitnehmer beschäftigt werden"). Mit Zeitablauf bzw mit Eintritt des Ereignisses wird die Gesellschaft automatisch aufgelöst.

   b) **Auflösungsbeschluss:** Ein solcher Beschluss bedarf grundsätzlich der **Einstimmigkeit**, sofern nicht der Gesellschaftsvertrag eine andere Mehrheit vorsieht. Eine besondere Form für die Beschlussfassung ist nicht vorgesehen. Grundsätzlich wird die Auflösung schon mit Beschlussfassung wirksam; der Zeitpunkt kann aber auch im Beschluss hinausgeschoben oder vom Eintritt einer Bedingung abhängig gemacht werden.

   c) Rechtskräftige **Konkurseröffnung über das Vermögen der Gesellschaft** oder durch die **Abänderung der Bezeichnung Sanierungsverfahren in Konkursverfahren** oder durch die **rechtskräftige Nichteröffnung oder Aufhebung des Insolvenzverfahrens mangels kostendeckenden Vermögens:** Die Eröffnung des Konkurses setzt die **Zahlungsunfähigkeit** der Gesellschaft voraus (§ 66 IO). Ist keiner der Gesellschafter eine natürliche Person, so ist auch die **Überschuldung** ein Konkurseröffnungsgrund (§ 67 IO). Wird der Insolvenzantrag mangels kostendeckenden Vermögens abgelehnt, so ist die Gesellschaft mit Rechtskraft des Beschlusses aufgelöst, durch den der Antrag auf Eröffnung eines Insolvenzverfahrens abgewiesen wird (§ 39 FBG). Demgegenüber führt die Einleitung eines Reorganisationsverfahrens (§§ 1 ff URG) oder Sanierungsverfahrens nicht zur Auflösung der Gesellschaft, weil diese Verfahren auf die Sanierung und damit den Fortbestand der Gesellschaft gerichtet sind. Zu beachten ist, dass auch nach Auflösung der Gesellschaft die Eröffnung eines Insolvenzverfahrens zulässig ist, solange das Vermögen nicht verteilt ist (§ 68 IO).

   d) **Tod eines Gesellschafters:** Der Tod eines Gesellschafters führt nur dann zur Auflösung der Gesellschaft, wenn im Gesellschaftsvertrag keine abweichende Vereinbarung getroffen wird (siehe hierzu oben Seite 47). Ist der Gesellschafter eine juristische Person, ist erst ihre **Vollbeendigung** dem Tod einer natürlichen Person gleichzuhalten.

   e) **Konkurseröffnung über das Vermögen eines Gesellschafters** oder durch die **Abänderung der Bezeichnung Sanierungsverfahren in Konkursverfahren** oder durch die **rechtskräftige Nichteröffnung oder Aufhebung des Insolvenzverfahrens mangels kostendeckenden Vermögens:** Sowohl der Konkurs über das Vermögen des Gesellschafters (§ 131 Z 3) als auch der Konkurs eines Gesellschafters (§ 131 Z 5) führen zur Auflösung der Gesellschaft! Ist der insolvente Gesellschafter eine natürliche Person, so setzt die Konkurseröffnung seine **Zahlungsunfähigkeit** voraus. Bei juristischen Personen und eingetragenen Personengesellschaften (dh OG/KG) ohne natürliche Person als unbeschränkt haftenden Gesellschafter ist überdies die **Überschuldung** ein Konkurseröffnungsgrund (§ 67 IO). Die Eröffnung eines Reorganisations- oder Sanierungsverfahrens über das Vermögen eines Gesellschafters ist kein Auflösungsgrund.

f) **Kündigung:** Eine zur Auflösung der Gesellschaft führende Kündigung kann entweder durch einen **Gesellschafter** (§ 132), durch **gerichtliche Entscheidung** aufgrund einer Klage eines Gesellschafters (§ 133) oder einen **Privatgläubiger** eines Gesellschafters (§ 135) erfolgen.

aa) Das Recht zur **ordentlichen Kündigung nach § 132** besteht nur, wenn die Gesellschaft auf unbestimmte Zeit eingegangen wurde. Als auf unbestimmte Zeit eingegangen gilt eine Gesellschaft auch dann, wenn sie auf Lebenszeit eines Gesellschafters eingegangen wurde oder nach dem Ablauf der für ihre Dauer bestimmten Zeit stillschweigend fortgesetzt wurde (§ 134). Eine Kündigung kann nur zum Schluss des Geschäftsjahres unter Einhaltung einer mindestens sechsmonatigen Kündigungsfrist erfolgen. Die Kündigungserklärung als einseitiges Gestaltungsrecht ist nicht an die Gesellschaft, sondern an die anderen Gesellschafter zu richten. Das Vorliegen eines **wichtigen Grundes** ist **nicht erforderlich**; auch eine bestimmte Form ist nicht vorgesehen, sondern kann sich allenfalls aus dem Gesellschaftsvertrag ergeben. Hat der Kündigende jedoch ausschließlich in Schädigungsabsicht gehandelt, so kann rechtsmissbräuchliches Verhalten eingewendet werden. Der Missbrauchsvorwurf muss aber nicht in allen Fällen zur Unwirksamkeit der Kündigung führen, sondern kann auch nur Schadenersatzfolgen auslösen. Bei Streitigkeiten über die Wirksamkeit der Kündigung ist eine Feststellungsklage zulässig.

Nach § 132 Abs 2 ist eine Vereinbarung, durch die das Kündigungsrecht ausgeschlossen oder in anderer Weise als durch angemessene Verlängerung der Kündigungsfrist erschwert wird, **nichtig**. Eine unzulässige Erschwernis der Kündigung wäre beispielsweise dann gegeben, wenn der Kündigende bei seinem Ausscheiden erhebliche finanzielle Nachteile zu tragen hätte (Vertragsstrafe, Beschränkung des Abfindungsanspruches usw).

bb) § 133 trägt dem Grundsatz Rechnung, dass Dauerschuldverhältnisse aus wichtigem Grund gelöst werden können. Unabhängig davon, ob die Gesellschaft auf bestimmte oder unbestimmte Zeit eingegangen wurde, kann aufgrund einer **Klage eines Gesellschafters** die Auflösung der Gesellschaft durch **gerichtliche Entscheidung** ausgesprochen werden, wenn ein **wichtiger Grund** vorliegt. Als Beispiel für einen wichtigen Grund führt das Gesetz eine durch einen anderen Gesellschafter erfolgte vorsätzliche oder grob fahrlässige Verletzung einer ihm nach dem Gesellschaftsvertrag obliegenden wesentlichen Verpflichtung oder die Unmöglichkeit der Erfüllung einer solchen Verpflichtung an. Generell liegt ein wichtiger Grund dann vor, wenn dem die Auflösung begehrenden Gesellschafter nach den gesamten Umständen des Falles die Fortführung des Gesellschaftsverhältnisses nicht zuzumuten ist. Der wichtige Grund kann gesellschaftsbezogen oder gesellschafterbezogen sein.

> **Beispiele** für wichtige Gründe: dauernde Unrentabilität des Unternehmens; Entfremdung bzw Verfeindung der Gesellschafter; Arbeitsunfähigkeit eines Gesellschafters; Verletzung des Konkurrenzverbotes; Interesselosigkeit.

Die Auflösung ist durch eine **Rechtsgestaltungsklage** geltend zu machen. Beklagte Partei sind alle übrigen Gesellschafter mit Ausnahme derjenigen, die sich bindend mit der Klage für einverstanden erklären.

Nach § 133 Abs 3 ist eine Vereinbarung, durch welche die Auflösungskündigung ausgeschlossen oder beschränkt wird, **nichtig**. Zulässig sind jedoch vertragliche Vereinbarungen hinsichtlich des Verfahrens. An Stelle der gerichtlichen Klage kann auch das Verfahren vor einem Schiedsgericht vereinbart werden. Zulässig wäre auch eine Vereinbarung, wonach die Kündigung durch eine einfache Willenserklärung erfolgen kann (außerordentliche Kündigung); allerdings muss eine nachträgliche gerichtliche Überprüfung gewährleistet sein.

cc) Wegen der rechtlichen Trennung zwischen dem Gesellschaftsvermögen und dem Vermögen des Gesellschafters ist es dem Gläubiger eines Gesellschafters grundsätzlich nicht möglich, durch Zugriff auf das Gesellschaftsvermögen Befriedigung zu erlangen. Er kann also nur auf das Privatvermögen des Gesellschafters greifen, zu dem auch der Gesellschaftsanteil zählt. Nach § 124 Abs 3 sind aber Ansprüche, die den Gesellschaftern aus dem Gesellschaftsverhältnis gegeneinander oder gegen die Gesellschaft zustehen, nicht übertragbar und nicht pfändbar. Ausgenommen sind allerdings die einem Gesellschafter aus der Geschäftsführung zustehenden Ansprüche sowie die Ansprüche auf einen Gewinnanteil oder das, was dem Gesellschafter bei der Auseinandersetzung zukommt. Um dem Gläubiger in absehbarer Zeit einen Zugriff auf das Auseinandersetzungsguthaben (= Abwicklungsgewinn) zu ermöglichen, kann er die Gesellschaft kündigen. Die **Kündigung durch einen Privatgläubiger** eines Gesellschafters setzt nach § 135 voraus:

- der Privatgläubiger darf mit dieser Forderung **nicht** gleichzeitig auch **Gesellschaftsgläubiger** sein; ansonsten könnte er ohnedies auf das Gesellschaftsvermögen greifen;
- der Privatgläubiger muss einen **rechtskräftigen vollstreckbaren Exekutionstitel** gegen den Gesellschafter besitzen;
- der Privatgläubiger hat die **Pfändung und Überweisung des Auseinandersetzungsanspruchs** erwirkt;
- der Privatgläubiger muss eine **erfolglose Zwangsvollstreckung** in das bewegliche Vermögen des Gesellschafters innerhalb der letzten sechs Monate vor der erklärten Kündigung nachweisen.

Gekündigt werden kann nur zum Ende eines Geschäftsjahres unter Einhaltung einer sechsmonatigen Kündigungsfrist. Die Kündigung muss allen Gesellschaftern gegenüber erklärt werden.

Die durch § 135 ermöglichte Kündigung der Gesellschaft ist keine Besonderheit; dieses Recht zur Kündigung der Gesellschaft stünde dem Privatgläubiger auch über § 333 EO zu. Der Privatgläubiger hat die Möglichkeit, entweder nach § 135 oder § 333 EO gegen den Gesellschafter vorzugehen.

2. Vertragliche Auflösungsgründe

Im Gesellschaftsvertrag können neben den gesetzlichen Auflösungsgründen zusätzliche vereinbart werden. So kann zB der Eintritt eines bestimmten ungewissen Ereignisses zur automatischen Auflösung der Gesellschaft führen. In Abweichung von § 133 (Auflösung durch gerichtliche Entscheidung nach Einbringung einer Auflösungsklage) kann auch jedem Gesellschafter ein außerordentliches Kündigungsrecht (Kündigung durch bloße Willenserklärung) eingeräumt werden.

II. Fortsetzung der aufgelösten Gesellschaft

Der Eintritt eines Auflösungsgrundes bedeutet nicht zwingend, dass die OG damit auch abzuwickeln ist (siehe sogleich unten unter III.) und beendigt werden muss. Auch wenn die Gesellschaft schon aufgelöst ist, besteht die Möglichkeit, sie mit allen oder nur einem Teil der bisherigen Gesellschafter **fortzusetzen**, ohne dass sich die Identität der Gesellschaft ändert. Davon sind jene Fälle zu unterscheiden, in denen die verbleibenden Gesellschafter eine neue OG gründen. Hier fehlt es an der Identität mit der bisherigen Gesellschaft.

1. Eine Fortsetzung mit einem **Teil der Gesellschafter** ist gem § 141 Abs 1 letzter Satz in den Fällen des § 131 Z 4, 5 oder 6 (erster Fall) möglich, wenn alle verbleibenden Gesellschafter zustimmen **(Fortsetzungsbeschluss)**:

   - **Tod eines Gesellschafters** (§ 131 Z 4): Auch ohne Zustimmung der Erben können die Gesellschafter die Fortsetzung beschließen.
   - **Konkurs über das Vermögen eines Gesellschafters bzw rechtskräftige Nichteröffnung oder Aufhebung des Insolvenzverfahrens mangels kostendeckenden Vermögens** (§ 131 Z 5): Fassen die übrigen Gesellschafter einen Fortsetzungsbeschluss, so haben sie dies dem Masseverwalter mitzuteilen. § 141 Abs 3 bestimmt, dass der insolvente Gesellschafter im Fall der Fortsetzung der Gesellschaft mit dem Zeitpunkt der Konkurseröffnung als aus der Gesellschaft ausgeschieden gilt. Die Rechte der Gläubiger des betreffenden Gesellschafters werden durch den Fortsetzungsbeschluss nicht berührt, weil das Auseinandersetzungsguthaben in die Konkursmasse fällt.
   - **Kündigung** (§ 131 Z 6): Bei einer Kündigung durch einen Gesellschafter (§ 132) oder einen Privatgläubiger eines Gesellschafters (§ 135) kann ebenfalls ein Fortsetzungsbeschluss gefasst werden. Einer Zustimmung des Privatgläubigers oder des kündigenden Gesellschafters zur Fortsetzung bedarf es nicht. Bei Kündigung durch einen Privatgläubiger scheidet der betreffende Gesellschafter mit dem Ende des Geschäftsjahres aus (§ 141 Abs 2); in den sonstigen Fällen, in denen die Gesellschafter einen Fortsetzungsbeschluss fassen, scheidet der Gesellschafter mit dem Wirksamwerden dieses Beschlusses aus. Kündigt der Gesellschafter, so scheidet er ebenfalls mit Ende des Geschäftsjahres aus (vgl § 132 Abs 1).

2. Eine Fortsetzung durch **alle Gesellschafter** bedarf in den übrigen Fällen des § 131 (Zeitablauf, Auflösungsbeschluss) eines einstimmigen Beschlusses. Auch eine insolvente Gesellschaft kann noch fortgesetzt werden; § 144 Abs 1 bestimmt, dass die Gesellschafter einen Fortsetzungsbeschluss fassen können, wenn das Insolvenzverfahren durch Bestätigung eines Sanierungsplans (§ 152 IO) oder mit Einverständnis der Gläubiger (§ 123b IO) aufgehoben wurde.

   Weil die Auflösung der Gesellschaft ins Firmenbuch eingetragen wird (vgl § 143), ist auch eine Fortsetzung von sämtlichen Gesellschaftern zum Firmenbuch anzumelden und in weiterer Folge einzutragen (§ 144 Abs 2).

III. Die Abwicklung der Gesellschaft

Ist ein Auflösungsgrund eingetreten und wurde keine Fortsetzung der Gesellschaft beschlossen, so ist das Gesellschaftsverhältnis abzuwickeln, dh die **Auseinandersetzung** unter den Gesellschaftern über das Gesellschaftsvermögen vorzunehmen. Die Abwicklung erfolgt grundsätzlich durch **Liquidation** des Gesellschaftsvermögens, sofern nicht eine andere Art der Auseinandersetzung von den Gesellschaftern vereinbart oder über das Vermögen der Gesellschaft das Insolvenzverfahren eröffnet wurde (§ 145). Eine **stille Abwicklung** liegt dagegen vor, wenn vor Auflösung der Gesellschaft die Geschäftstätigkeit eingestellt, das Vermögen verwertet und die Gläubiger befriedigt werden. Zum Zeitpunkt der Auflösung verfügt die Gesellschaft dann nur mehr über das zur Verteilung an die Gesellschafter offenstehende Vermögen.

1. **Die Liquidation**

   a) **Begriff:** Die Liquidation ist ein außergerichtliches Verfahren zur Lösung der persönlichen und vermögensrechtlichen Beziehungen der Gesellschafter untereinander und zur Beendigung der rechtlichen Verhältnisse zu Dritten mit dem **Ziel der Vollbeendigung** der Gesellschaft; sie ist die unmittelbare Folge der Auflösung. Insbesondere soll das Gesellschaftsvermögen verwertet und die Schulden beglichen werden. Ein allfälliger Liquidationsgewinn ist auf die Gesellschafter zu verteilen, ein Liquidationsverlust von den Gesellschaftern auszugleichen.

b) **Voraussetzungen:** Die Gesellschaft muss **aufgelöst** sein und über ein **Aktivvermögen** verfügen. Überdies darf kein Konkursverfahren über das Vermögen der Gesellschaft eröffnet sein; dann erfolgt nämlich keine Liquidation nach den §§ 145 ff, sondern nach insolvenzrechtlichen Vorschriften.

c) **Liquidatoren:** Mit dem Eintritt der Gesellschaft ins Liquidationsstadium erlischt die Geschäftsführungs- und Vertretungsbefugnis der Geschäftsführer. Die Liquidation erfolgt daher nicht durch die Geschäftsführer, sondern durch Liquidatoren. Diese sind von sämtlichen Gesellschaftern zur Eintragung in das Firmenbuch anzumelden (§ 148). Liquidatoren können auf folgende Arten **bestellt** werden:

   aa) **„Gekorene" Liquidatoren:** Vorrangig können die Gesellschafter selbst bestimmen, wer die Liquidation durchführen soll. Die Bestimmung erfolgt entweder bereits im **Gesellschaftsvertrag** oder durch **Beschluss** der Gesellschafter. Der Beschluss kann vor oder nach Auflösung der Gesellschaft gefasst werden. Er bedarf der Einstimmigkeit, sofern der Gesellschaftsvertrag für die Bestellung von Liquidatoren keine andere Mehrheit vorsieht. Als von den Gesellschaftern „gekorene" Liquidatoren kommen **Gesellschafter** oder auch **Dritte** in Betracht; das Prinzip der Selbstorganschaft kommt im Liquidationsstadium nicht zum Tragen (siehe auch sogleich unten unter Punkt cc).

   bb) **„Geborene" Liquidatoren:** Fehlt eine Bestimmung im Gesellschaftsvertrag und ist auch kein entsprechender Beschluss zustande gekommen, so sind nach § 146 Abs 1 **sämtliche Gesellschafter** Liquidatoren, und zwar unabhängig davon, ob sie geschäftsführungs- und vertretungsbefugt waren. Wird die Gesellschaft durch den Tod eines Gesellschafters aufgelöst oder stirbt ein Gesellschafter während der Liquidation und hinterlässt mehrere Erben, so haben diese einen gemeinsamen Vertreter zu bestellen (§ 146 Abs 1 letzter Satz). Dieser kann jede beliebige Person sein. Ist über das Vermögen eines Gesellschafters das Konkursverfahren eröffnet oder ein Sanierungsverfahren ohne Eigenverwaltung, so tritt der Insolvenzverwalter an die Stelle des Gesellschafters und wird Liquidator (§ 146 Abs 3).

   cc) **Gerichtliche Liquidatoren:** Nach § 146 Abs 2 kann auf Antrag eines Beteiligten aus **wichtigen Gründen** die Ernennung von Liquidatoren durch das **Gericht** erfolgen. Ein wichtiger Grund liegt vor, wenn die Gesellschaft ohne gerichtliche Liquidatorenbestellung handlungsunfähig ist, so dass dem Ablauf der Liquidation erhebliche Hindernisse entgegenstehen.

   > **Beispiele**: Unfähigkeit oder Unredlichkeit eines Liquidators; feindseliges Verhalten zwischen den vorhandenen Liquidatoren; Unterlassung der Bestellung eines gemeinsamen Vertreters durch die Erben; Bevorzugung eigener Interessen durch die Liquidatoren; eine große Anzahl von Liquidatoren, durch die die Abwicklung übermäßig erschwert wird.

   Wie schon erwähnt gilt der Grundsatz der Selbstorganschaft im Liquidationsstadium nicht. § 146 Abs 2 lässt daher auch zu, dass Personen zu Liquidatoren bestellt werden, die nicht Gesellschafter sind.

d) **Abberufung der Liquidatoren:** Alle Liquidatoren – unabhängig von der Art der Bestellung – können durch einen **einstimmigen Beschluss aller Beteiligten** abberufen werden (§ 147). Beteiligte sind in erster Linie die Gesellschafter. Weitere Beteiligte sind der Insolvenzverwalter beim Gesellschafterkonkurs, der Privatgläubiger eines Gesellschafters, der nach § 135 gekündigt hat, sowie die Erben eines Gesellschafters. Auf Antrag eines Beteiligten kann bei Vorliegen eines wichtigen Grundes auch eine Abberufung durch das **Gericht** erfolgen.

e) **Aufgaben der Liquidatoren:** Liquidatoren sind die weisungsgebundenen geschäftsführungs- und vertretungsbefugten Organe der Gesellschaft im Liquidationsstadium, die alle zur Erzielung eines optimalen Liquidationsergebnisses notwendigen Handlungen zu setzen haben. Nach § 149 haben die Liquidatoren die laufenden Geschäfte zu beendigen, das übrige Vermögen in Geld umzusetzen („Versilberung") und die Forderungen der Gläubiger zu befriedigen. Neue Geschäfte können von ihnen eingegangen werden, soweit diese der aufgelösten Gesellschaft im Rahmen des Liquidationszweckes dienen. Weiters sind die Liquidatoren zur Rechnungslegung verpflichtet (§ 154). Auch die Aufteilung des verbleibenden Vermögens an die Gesellschafter (§ 155) und die Anmeldung des Erlöschens zum Firmenbuch (§ 157) ist von den Liquidatoren vorzunehmen.

f) **Geschäftsführungs- und Vertretungsbefugnis der Liquidatoren:** Nach § 150 Abs 1 können die Liquidatoren die erforderlichen Geschäfte nur gemeinschaftlich vornehmen. Nach der gesetzlichen Anordnung besteht daher – im Gegensatz zur werbenden Gesellschaft – **Gesamtgeschäftsführung** und **Gesamtvertretung**. Lediglich zur Entgegennahme von Willenserklärungen ist jeder Liquidator alleine befugt (§ 150 Abs 2). Abweichungen von der in § 150 Abs 1 genannten Regel durch Gesellschaftsvertrag oder durch Gesellschafterbeschluss sind zulässig, bedürfen allerdings der Eintragung ins Firmenbuch. Allerdings ist auch hier zu beachten, dass eine Beschränkung der Befugnisse der Liquidatoren Dritten gegenüber unwirksam ist (§ 151).

g) **Schlussverteilung:** Ergibt sich ein **Abwicklungsverlust (Liquidationsverlust)**, so ist dieser Fehlbetrag von den Gesellschaftern im Verhältnis ihrer Verlustbeteiligung (siehe § 121) zu tragen (§ 155 Abs 4). Das nach Befriedigung der Gesellschaftsgläubiger verbleibende Vermögen (**Abwicklungsgewinn = Liquidationsgewinn**) ist mangels anderer Vereinbarung nach dem Verhältnis der Beteiligung unter Berücksichtigung ihrer Guthaben und Verbindlichkeiten aus dem Gesellschaftsverhältnis auf die Gesellschafter aufzuteilen (§ 155 Abs 1). Obgleich schon während der Liquidation das „entbehrliche Geld" an die Gesellschafter **vorläufig verteilt** werden kann, erfolgt die **endgültige Verteilung** als letzter Akt der Liquidation.

h) **Ausgleich unter den Gesellschaftern:** Die Liquidationsschlussbilanz kann ergeben, dass Gesellschafter ein Guthaben auf ihren Kapitalkonten haben, die Konten anderer Gesellschafter dagegen eine Verbindlichkeit gegenüber der Gesellschaft ausweisen. Reicht nun das Gesellschaftsvermögen zur Deckung der Guthaben von Gesellschaftern nicht aus, so sind die übrigen Gesellschafter ihnen gegenüber verpflichtet, für den Betrag im Verhältnis ihrer Verbindlichkeiten aus dem Gesellschaftsverhältnis aufzukommen. Gemeint ist damit, dass die Mitgesellschafter im Verhältnis des Verlustverteilungsschlüssels für diesen Betrag aufzukommen haben. Da der Verlust mangels abweichender Regelung im Gesellschaftsvertrag im Verhältnis der Beteiligung verteilt wird (§ 121 Abs 1), haben die Mitgesellschafter daher im Verhältnis ihrer Beteiligung für das nicht aus dem Gesellschaftsvermögen zu deckende Guthaben des Gesellschafters aufzukommen. Kann ein Gesellschafter den auf ihn fallenden Betrag nicht aufbringen, so wird dieser Ausfall auf die übrigen ausgleichspflichtigen Gesellschafter wie ein Verlust (und damit wieder im Verhältnis ihrer Beteiligung) verteilt (§ 155 Abs 4). Dieser Ausgleich unter den Gesellschaftern gehört nach hL nicht mehr zu den Aufgaben der Liquidatoren, sondern ist von den Gesellschaftern selbst vorzunehmen.

i) **Löschung im Firmenbuch:** Nach Verteilung des Gesellschaftsvermögens haben sämtliche Liquidatoren das **Erlöschen** der Firma zur Eintragung in das Firmenbuch anzumelden (§ 157 Abs 1). Die Eintragung hat nur **deklarative** Wirkung. Die Bücher und Schriften der aufgelösten Gesellschaft sind einem Gesellschafter oder Dritten zur Aufbewahrung zu übergeben (§ 157 Abs 2).

Die Aufbewahrungsfrist beträgt sieben Jahre (§ 212). Findet sich später noch unverteiltes Gesellschaftsvermögen, so hat eine **Nachtragsliquidation** stattzufinden.

2. **Andere Art der Auseinandersetzung**

Nach § 145 findet eine Liquidation nach den Bestimmungen der §§ 145 ff nur statt, sofern keine **andere Art der Auseinandersetzung** vereinbart wurde oder über das Vermögen der Gesellschaft das Insolvenzverfahren eröffnet ist. Diese **Vereinbarung** über eine andere Art der Auseinandersetzung kann bereits im Gesellschaftsvertrag vorgesehen sein oder durch einstimmigen Beschluss erfolgen. Wesentlich ist, dass in diesen Fällen das Unternehmen grundsätzlich **nicht durch Versilberung zerschlagen** wird. Folgende Vereinbarungen kommen hauptsächlich in Betracht:

- **Vollbeendigung ohne Liquidation**: In Betracht kommen insbesondere die **Übernahme** des Gesellschaftsvermögens **durch einen Gesellschafter** durch Austritt aller übrigen Gesellschafter bzw Übertragung der Gesellschaftsanteile auf einen Gesellschafter. In diesem Fall geht das Vermögen im Wege der Gesamtrechtsnachfolge auf den Gesellschafter über (§ 142). Zu einer Gesamtrechtsnachfolge kommt es auch, wenn alle Gesellschaftsanteile von den Gesellschaftern **auf einen Dritten** übertragen werden. Zu einem solchen Vorgang kommt es häufig bei der Umwandlung einer OG in eine Kapitalgesellschaft (meist in eine GmbH), wodurch das von einer OG betriebene Unternehmen übertragen werden soll. Aus § 142 lässt sich der Grundsatz entnehmen, dass bei einer Vereinigung aller Gesellschaftsanteile in einer Hand das Vermögen (zB ein Unternehmen) der untergehenden Gesellschaft im Wege der **Gesamtrechtsnachfolge** auf den verbleibenden Gesellschafter übergeht. Soll daher zB eine OG in eine GmbH umgewandelt werden, so kann dies durch Einbringung aller Gesellschaftsanteile als Sacheinlage in eine neu gegründete GmbH erreicht werden. Hält die GmbH alle Anteile an der OG, so geht das gesamte Vermögen der OG im Wege der Gesamtrechtsnachfolge auf die GmbH über; eine Übertragung des Vermögens durch komplizierte Einzelrechtsnachfolge erübrigt sich.
- **Liquidation der Gesellschaft ohne Liquidation des von ihr betriebenen Unternehmens**: eine Versilberung des Unternehmens unterbleibt, wenn dieses als Ganzes an einen Gesellschafter oder Dritten veräußert wird. In diesem Fall geht das Unternehmen im Wege der Einzelrechtsnachfolge auf den Erwerber über, so dass die entsprechenden Bestimmungen der §§ 38 f zur Anwendung gelangen. Ob die Veräußerung des Unternehmens wirklich eine andere Art der Auseinandersetzung darstellt und daher nur mit Zustimmung der Gesellschafter möglich ist, ist in der Lehre umstritten. Nach zutreffender Ansicht sind die Liquidatoren zur bestmöglichen Verwertung des Vermögens verpflichtet. Dieses Ziel wird häufig durch Veräußerung des gesamten Unternehmens am ehesten zu erreichen sein.

DRITTER ABSCHNITT
DIE KOMMANDITGESELLSCHAFT

Achtung: Paragraphen ohne Gesetzesangabe beziehen sich auf das UGB!

A. Begriff, Unterschied zur OG, Rechtsnatur und Rechtsquellen

Vorbemerkungen:

Unter dem Begriff KG werden seit dem 1. 1. 2007 nicht nur Kommanditgesellschaften, sondern auch die bis zum 31. 12. 2006 bestehenden Kommanditerwerbsgesellschaften (KEG) zusammengefasst (§ 907 Abs 2). Mit Stichtag 1. 1. 2015 waren in Österreich 43.033 Kommanditgesellschaften im Firmenbuch eingetragen; die Anzahl der KG ist daher mehr als doppelt so wie hoch wie jene der OG.

I. Begriff

Eine KG ist eine unter eigener Firma geführte Gesellschaft, bei der zumindest ein Gesellschafter gegenüber den Gesellschaftsgläubigern unbeschränkt (Komplementär) und zumindest ein Gesellschafter beschränkt (Kommanditist) haftet (vgl § 161 Abs 1).

II. Unterschied zur OG

Die KG ist eine **Sonderform** der OG; sie **unterscheidet** sich von der OG **nur in einem Punkt**: Die Haftung eines Teils der Gesellschafter gegenüber den Gesellschaftsgläubigern ist auf einen bestimmten Betrag („Haftsumme") beschränkt. Abgesehen von den zwei unterschiedlichen Gesellschaftergruppen entspricht die KG dem Wesen nach jedoch völlig der OG.

Eine KG weist somit **zwei Typen von Gesellschaftern** auf, wobei von jedem Typ mindestens einer vorhanden sein muss:

- **Komplementäre:** Ihre Rechtsstellung ist ident mit den Mitgliedern einer OG. Auch diese werden als Komplementäre bezeichnet.
- **Kommanditisten:** Sie haben rechtlich und wirtschaftlich eine ganz andere Position als die Komplementäre. Nach der Vorstellung des historischen Gesetzgebers sollen die Komplementäre die eigentlichen Unternehmer sein, die in der Gesellschaft arbeiten. Die Funktion der Kommanditisten sollte hingegen im Wesentlichen auf die Rolle eines Geldgebers beschränkt sein, wobei ihnen bestimmte Mitwirkungs- und Kontrollrechte zustehen. In gewisser Weise ist die wirtschaftliche Stellung des Kommanditisten mit der eines stillen Gesellschafters vergleichbar; tatsächlich haben die KG und die stille Gesellschaft auch denselben historischen Ursprung. Der wesentliche **Unterschied zum stillen Gesellschafter** besteht darin, dass die Kapitalbeteiligung des Kommanditisten nach außen in Erscheinung tritt.

III. Rechtsnatur, Unternehmereigenschaft

In diesem Punkt gibt es keinen Unterschied zur OG, sodass auf die entsprechenden Ausführungen auf den Seiten 16 ff verwiesen werden kann.

IV. Rechtsquellen

Das UGB befasst sich in den §§ 161 bis 177 mit der KG. Diese Vorschriften regeln lediglich die Stellung des Kommanditisten, insbesondere seine Haftung. § 161 Abs 2 stellt klar, dass ansonsten **OG-Recht** auf die KG anzuwenden ist, sofern sich aus den §§ 161 ff nichts anderes ergibt. Subsidiär sind auch die GesbR-Bestimmungen anwendbar (§ 1175 Abs 4 ABGB).

B. Gründung der KG

Die Gründung der KG verläuft im Wesentlichen gleich wie bei der OG. Es bestehen nur wenige Besonderheiten gegenüber der OG, die durch das Vorhandensein von Kommanditisten bedingt sind:

- Niemand kann nach überwiegender Ansicht in ein und derselben Gesellschaft zugleich Kommanditist und Komplementär sein. Ansonsten bestehen hinsichtlich der Gesellschafter einer KG keine Besonderheiten. Eine Ausnahme bildet lediglich die Privatstiftung, die zwar Kommanditist, nicht aber Komplementär einer KG sein kann (§ 1 Abs 2 PSG).
- Bei der Anmeldung zur Eintragung in das Firmenbuch (§ 162) haben auch die Kommanditisten mitzuwirken. Einzutragen ist der Name und das Geburtsdatum der Kommanditisten, die Höhe ihrer Haftsummen, gegebenenfalls ihre Firmenbuchnummer sowie ein Nachfolgevermerk (§ 4 Z 6 FBG).

C. Das Innenverhältnis

I. Prinzip der Vertragsfreiheit

Wie bei der OG richtet sich das Verhältnis der Gesellschafter untereinander primär nach dem **Gesellschaftsvertrag**. Bei Fehlen abweichender gesellschaftsvertraglicher Regelungen kommen die dispositiven Bestimmungen der §§ 109 bis 122 (für die Komplementäre) bzw die §§ 164 bis 169 (für die Kommanditisten) zur Anwendung (§ 163).

II. Die Beitragspflicht der Kommanditisten

1. **Die Begriffe „Beitrag" und „Einlage":** Ebenso wie die Komplementäre verpflichten sich auch die Kommanditisten zur Leistung von Beiträgen im weiteren bzw engeren Sinn (zur Unterscheidung siehe oben Seite 21 f). Die im Gesellschaftsvertrag vereinbarte Leistung eines Vermögenswertes (Beitrag im engeren Sinn = Einlage) bezeichnet das Gesetz (siehe §§ 168, 169) als **„bedungene Einlage"**. Damit ist jene Leistung gemeint, zu der sich der Kommanditist der Gesellschaft gegenüber verpflichtet hat. Sie betrifft das **Innenverhältnis** und wird auch als **Pflichteinlage** bezeichnet. Der Begriff „Pflichteinlage" ist insofern irreführend, weil die Kommanditisten ebenso wie die Komplementäre kraft Gesetz nicht verpflichtet sind, eine Einlage zu leisten; eine solche Pflicht kann sich nur aufgrund des Gesellschaftsvertrages ergeben. Die kraft Gesellschaftsvertrag zu leistende Pflichteinlage geht in das Gesellschaftsvermögen über und steht somit dem Zugriff der Gesellschaftsgläubiger zur Verfügung.

   Von der Pflichteinlage streng zu unterscheiden ist jener Betrag, der für die Höhe der Haftung des Kommanditisten gegenüber den Gesellschaftsgläubigern maßgeblich ist. Dieser wird als **Haftsumme** (vgl § 161 Abs 1, § 172 Abs 1 UGB, § 4 Z 6 FBG) bezeichnet.

   Pflichteinlage und Haftsumme sind häufig gleich hoch, sie müssen es aber nicht sein. Die Pflichteinlage kann auch höher sein als die Haftsumme. In diesem Fall ist strittig, ob ein Gesellschaftsgläubiger die Forderung der KG auf die noch ausstehende Pflichteinlage aufgrund eines gegen die Gesellschaft vollstreckbaren Titels pfänden und so den Kommanditisten mittelbar in Anspruch nehmen kann. Nach wohl überwiegender Ansicht (zB *Jabornegg/Artmann*, *Koppensteiner/Auer*) ist dies zulässig.

Ins Firmenbuch eingetragen wird nur die Haftsumme, nicht hingegen die Pflichteinlage (§ 162 und § 4 Z 6 FBG). Nicht ersichtlich ist daher, inwieweit die Pflichteinlage geleistet wurde; dies ist aber im Hinblick auf die Haftung (siehe unten Seite 65 ff) des Kommanditisten gegenüber den Gesellschaftsgläubigern von Bedeutung. Nach § 171 Abs 1 hat der Kommanditist auf Verlangen den Gläubigern über die Höhe der geleisteten Einlage binnen angemessener Frist Auskunft zu geben. Er kann im Klagsweg zur Auskunftserteilung verpflichtet werden.

2. **Gegenstand und Höhe der Einlagenleistung:** Wie schon erwähnt, hängt die Einlagepflicht vom Gesellschaftsvertrag ab. Es bestehen keine Besonderheiten gegenüber der OG; es können daher Bar- oder Sacheinlagen geleistet werden. Die Pflichteinlage kann aber auch zur Gänze entfallen; der Beitrag des Kommanditisten kann auch nur in der Übernahme der (beschränkten) Haftung bestehen.
3. **Zeitpunkt der Einlagenleistung:** Wie bei der OG richtet sich der Zeitpunkt der Einlagenleistung primär nach dem Gesellschaftsvertrag. Eine nicht vollständig geleistete Pflichteinlage hat Bedeutung für das Entnahmerecht und die Haftung.

III. Der Kapitalanteil

1. **Begriff:** Wie bei den Komplementären kommt auch beim Kommanditisten die wirtschaftliche Beteiligung an der KG im Kapitalanteil zum Ausdruck. Mangels abweichender Vereinbarung im Gesellschaftsvertrag bestimmt sich die Beteiligung an der Gesellschaft nach dem Verhältnis des Wertes der vereinbarten Einlagen (§ 109 Abs 1).
2. **Verbuchung:** Für jeden Kommanditisten wird ein Kapitalkonto errichtet, auf dem seine Bar- oder Sacheinlage verbucht wird. Das Kapitalkonto des Kommanditisten ist mangels abweichender Vereinbarung ebenfalls eine starre Größe (System der festen Kapitalkonten); Gewinn- und Verlustzuweisungen sowie Entnahmen werden auf andere Konten (Verrechnungskonto) verbucht.

IV. Gewinn- und Verlustverteilung

1. **Basis für die Verteilung:** Der für die Gewinn- bzw Verlustverteilung als Basis dienende **Jahresabschluss** ist von den geschäftsführungsbefugten Gesellschaftern aufzustellen. Zu **unterzeichnen** ist der Jahresabschluss von allen unbeschränkt haftenden Gesellschaftern (§ 194), also nur von den **Komplementären**. Die Kommanditisten haben lediglich im Rahmen ihres Kontrollrechtes den Anspruch auf **Mitteilung des Jahresabschlusses**, wirken aber bei der Aufstellung nicht mit. Umstritten ist, ob die Kommanditisten an der Feststellung des Jahresabschlusses mitwirken müssen. Nach überwiegender Auffassung ist die Feststellung des Jahresabschlusses keine Geschäftsführungsmaßnahme, sondern ein Grundlagengeschäft, so dass auch die Kommanditisten ein Mitwirkungsrecht haben.
2. **Gewinnverteilung:** Bei Fehlen einer gesellschaftsvertraglichen Regelung kommt § 167 zur Anwendung. Demnach ist zunächst vom Gewinn den Komplementären ein ihrer Haftung **angemessener Betrag** des Jahresgewinns zuzuweisen („Haftungsprämie"). Für die Verteilung des restlichen Betrages verweist § 167 auf § 121. Gibt es in der KG auch Arbeitsgesellschafter ohne Kapitalanteil, so ist der angemessene Betrag für diese Arbeitsgesellschafter zu bestimmen. Der verbleibende Rest ist dann im Verhältnis der Beteiligung auf die Komplementäre und Kommanditisten zu verteilen. Ist unter den Gesellschaftern keine Einigung über eine angemessene Gewinnzuweisung an die Komplementäre und Arbeitsgesellschafter zu erzielen, so muss das **Gericht im Streitfall** den Verteilungsschlüssel festlegen.
3. **Verlustverteilung:** Ein Verlust wird mangels Regelung im Gesellschaftsvertrag auf alle Gesellschafter im Verhältnis ihrer Beteiligung aufgeteilt (§ 167).

4. **Vertragliche Abweichungen:** Auch bei der KG können die gesetzlichen Gewinn- und Verlustverteilungsvorschriften vertraglich abbedungen werden. Gewinn- und Verlustverteilung können beispielsweise unterschiedlich geregelt sein. Zulässig ist es auch, einzelne Gesellschafter – insbesondere auch Kommanditisten – von der **Verlustbeteiligung** ganz oder teilweise zu befreien. Als zulässig wird auch angesehen, einen Kommanditisten gänzlich von der **Gewinnbeteiligung** auszuschließen.

V. Das Entnahmerecht

1. **Gesetzliche Regelung:** Von der Frage, wie ein von der Gesellschaft erwirtschafteter Gewinn verteilt wird, ist die Frage zu unterscheiden, ob ein Gesellschafter den auf ihn fallenden Gewinnanteil auch entnehmen kann. Nach § 168 hat der Kommanditist grundsätzlich Anspruch auf Auszahlung des ihm zukommenden Gewinns (**Gewinnauszahlungsanspruch** bzw **Gewinnausschüttungsanspruch**). Dieser Anspruch besteht allerdings nicht, soweit
   - er die bedungene Einlage (= Pflichteinlage) nicht geleistet hat oder
   - die Pflichteinlage **durch Verlustzuweisungen** unter den auf sie geleisteten Betrag herabgemindert ist oder durch **Gewinnauszahlung** unter diesen Betrag herabgemindert würde.

   > **Beispiel 1:** Nach dem Gesellschaftsvertrag muss der Kommanditist A eine Bareinlage in Höhe von € 10.000 leisten. Tatsächlich geleistet hat er allerdings nur einen Betrag von € 8.000. Für das letzte Geschäftsjahr wird ihm ein Gewinn von € 3.000 zugewiesen. A darf nur € 1.000 entnehmen. Er hat die Einlage in Höhe von € 2.000 nicht geleistet; „soweit" darf er daher den Gewinn nicht entnehmen.

   > **Beispiel 2:** Der Kommanditist A hat die vereinbarte Einlage in Höhe von € 10.000 geleistet. Im vorletzten Geschäftsjahr wurde ihm ein Verlust von € 4.000 zugewiesen. Im letzten Geschäftsjahr entfiel auf ihn ein Gewinn in Höhe von € 3.000. Er darf diesen Gewinn nicht entnehmen, sondern muss den Verlust aus dem vorletzten Jahr decken.

   § 168 Abs 1 lässt im Übrigen § 122 zur Anwendung gelangen. Dies bedeutet, dass der Kommanditist gleich wie der Komplementär keine Gewinnauszahlung verlangen kann, soweit die Auszahlung zum offenbaren Schaden der Gesellschaft gereicht oder die Gesellschafter etwas anderes beschließen (**„Ausschüttungssperre"**).

   Hat der Kommanditist zulässigerweise den Gewinn ausgezahlt erhalten und hat die Gesellschaft in den Folgejahren Verluste erwirtschaftet, so ist der Kommanditist nicht verpflichtet, den bezogenen Gewinn wieder zurückzuzahlen (§ 168 Abs 2).

2. **Vertragliche Regelungen:** Das Gewinnentnahmerecht kann durch den Gesellschaftsvertrag abgeändert werden. So kann zB vereinbart werden, dass über die Entnahme mittels Gesellschafterbeschluss zu entscheiden ist. Häufig anzutreffen ist auch eine Regelung, wonach ein Entnahmerecht im Ausmaß der zur Deckung der auf die Gewinne fallenden Steuern besteht und über die Entnahme des restlichen Gewinnanteils durch Gesellschafterbeschluss zu entscheiden ist.

VI. Das Wettbewerbsverbot

Das für Komplementäre bestehende Wettbewerbsverbot (§§ 112 f) gilt gem § 165 nicht für Kommanditisten. Aufgrund der fehlenden Geschäftsführungs- und Vertretungsbefugnis haben sie regelmäßig nicht den gleichen Einblick in die Geschäftstätigkeit wie die Komplementäre, sodass die Gefahr der Verwertung von Wissen über die Gesellschaft nicht im gleichen Ausmaß gegeben ist. Die in § 112 umschriebenen Tätigkeiten können daher von den Kommanditisten ausgeübt werden. Der Wettbewerbsfreiheit sind allerdings folgende Grenzen gesetzt:

- Aufgrund der auch für Kommanditisten bestehenden **Treuepflicht** darf dieser aus seiner Gesellschafterstellung erlangte Kenntnisse nicht zum Nachteil der Gesellschaft ausnützen. Diese Verpflichtung besteht insbesondere für geschäftsführungsbefugte Kommanditisten. Generell ist § 165 teleologisch zu reduzieren, wenn dem Kommanditisten im Gesellschaftsvertrag Rechte eingeräumt werden, die ansonsten nur den Komplementären zustehen.
- Durch **gesellschaftsvertragliche Vereinbarung** können auch Kommanditisten dem Wettbewerbsverbot unterworfen werden. Der Umfang richtet sich nach dem Vertrag. So kann zB vereinbart werden, dass die §§ 112 f auch für Kommanditisten Anwendung finden.

VII. Die Geschäftsführung

1. **Gesetzliche Regelung:** Enthält der Gesellschaftsvertrag der KG keine Vereinbarungen über die Geschäftsführung, so gelten nach § 164 iVm §§ 114 ff folgende Grundsätze:
   - Der **gewöhnliche Geschäftsbetrieb** obliegt allein den Komplementären; **Kommanditisten** sind von der Führung der gewöhnlichen Geschäfte **ausgeschlossen**. Sie können der Vornahme solcher Geschäfte durch die Komplementäre auch **nicht widersprechen**.
   - Für **außergewöhnliche Geschäfte** bedarf es nach § 116 Abs 2 der **Zustimmung** aller Gesellschafter, auch der **Kommanditisten**. Zwar deutet der Wortlaut des § 164 darauf hin, dass die Kommanditisten einer außergewöhnlichen Handlung nur widersprechen können, ohne dass für eine solche Handlung ein Beschluss der Gesellschafter erforderlich wäre. Nach hA bedarf es bei außergewöhnlichen Geschäften dennoch eines einstimmigen Beschlusses der Komplementäre und Kommanditisten.
   - Für die **Bestellung der Prokuristen** bleibt es bei der Regelung des § 116 Abs 3: Es bedarf eines einstimmigen Beschlusses aller geschäftsführenden Gesellschafter; eine Mitwirkung des Kommanditisten besteht nach überwiegender Auffassung selbst dann nicht, wenn die Prokurabestellung ein außergewöhnliches Geschäft darstellt.
2. **Vertragliche Regelungen:** Durch Gesellschaftsvertrag kann die Geschäftsführungsbefugnis des Kommanditisten eingeschränkt oder auf unterschiedliche Weise erweitert werden:
   - Die Mitwirkung bei **außergewöhnlichen Geschäften** kann ausgeschlossen, beschränkt oder modifiziert werden.

     > **Beispiele:** Für außergewöhnliche Geschäfte bedarf es eines zustimmenden Beschlusses bloß der Mehrheit der Kommanditisten; die Zustimmung erfolgt durch einen Beirat, der von den Kommanditisten zu beschicken ist; nur bestimmte außergewöhnliche Geschäfte bedürfen der Zustimmung der Kommanditisten etc.

   - Kommanditisten wird die Geschäftsführungsbefugnis auch für **gewöhnliche Geschäfte** eingeräumt. Dies kann entweder derart erfolgen, dass die Kommanditisten neben allen oder einigen Komplementären oder sogar alleine zur Geschäftsführung befugt sind und die Komplementäre ausgeschlossen werden.
3. **Entziehung der Geschäftsführungsbefugnis:** Unabhängig von der vertraglichen Regelung über die Geschäftsführungsbefugnis haben die Kommanditisten bei der Klage auf Entziehung der Geschäftsführungsbefugnis eines Gesellschafters – gleichgültig, ob Komplementär oder Kommanditist – mitzuwirken (vgl § 117 Abs 1).

VIII. Die Kontrollrechte des Kommanditisten

1. **Umfang:** § 166 gewährt den Kommanditisten im Vergleich zu den Komplementären wegen ihres beschränkten Risikos eingeschränkte Informations- und Kontrollrechte. Ihre Rechte sind vergleichbar mit jenen eines stillen Gesellschafters (vgl § 183).

   a) Im Rahmen der **ordentlichen Kontrolle** ist der Kommanditist zu folgenden Kontrollmaßnahmen berechtigt (§ 166 Abs 1):

   - Er kann eine **schriftliche Mitteilung** des Jahresabschlusses verlangen, um regelmäßig Kenntnis von der Vermögens- und Ertragssituation der Gesellschaft zu erlangen; ist die KG nach dem UGB nicht rechnungslegungspflichtig, kann er die Vorlage einer „sonstigen Abrechnung" verlangen.
   - Er kann die Richtigkeit des **Jahresabschlusses** bzw der Abrechnung unter Einsicht der Bücher und Schriften **prüfen**. Anders als der Komplementär hat der Kommanditist **kein laufendes Einsichtsrecht**, sondern kann nur einmal jährlich in die Geschäftsunterlagen Einsicht nehmen. Überdies besteht das Einsichtsrecht nur insoweit, als es für eine sachgerechte Prüfung der Richtigkeit des Jahresabschlusses bzw der Abrechnung erforderlich ist. Er kann auch nur Einsicht in solche Unterlagen verlangen, welche über Geschäftsvorgänge der Gesellschaft Auskunft geben.

     > **Beispiel:** Einsicht genommen werden kann in Prüfungsberichte eines Abschlussprüfers oder des Finanzamtes, Kassabücher, Warenbücher, nicht hingegen etwa in Protokolle über geplante Geschäftsführungsmaßnahmen.

   - Nach hL hat der Kommanditist auch ein **Auskunftsrecht**. Dieses erstreckt sich nicht auf alle Gesellschaftsangelegenheiten; es steht nur insoweit zu, als es der Kommanditist zur Ausübung seiner Gesellschafterrechte benötigt.

     > **Beispiel:** Da der Kommanditist bei außergewöhnlichen Geschäftsführungsmaßnahmen mangels anderer Vereinbarung im Gesellschaftsvertrag zustimmen muss, kann er Auskünfte über alle im Zusammenhang mit der geplanten Maßnahme stehenden Handlungen verlangen.

   b) Im Rahmen des **außerordentlichen Kontrollrechts** (§ 166 Abs 3) stehen dem Kommanditisten weitere Kontrollrechte zu. Er kann bei Gericht beantragen, dass dieses die Mitteilung einer Bilanz oder sonstige Aufklärungen sowie die Vorlage der Bücher und Schriften jederzeit anordnet. Zu diesen Maßnahmen gehören etwa die Vorlage von Zwischenbilanzen, Erteilung von Auskünften etc. Voraussetzung für die Geltendmachung des außerordentlichen Kontrollrechts ist das Vorliegen **wichtiger Gründe**, die eine Gefährdung der Interessen des Kommanditisten erkennen lassen.

   > **Beispiele** für wichtige Gründe: Verweigerung der Kontrollrechte nach § 166 Abs 1; Verdacht unredlicher Geschäftsführung; Verweigerung von Auskünften etc.

2. **Durchsetzung des Kontrollrechts:** Das Kontrollrecht ist im **Außerstreitverfahren** durchzusetzen.
3. **Vertragliche Vereinbarungen:** Das **ordentliche Kontrollrecht** kann durch Vertrag **erweitert** werden, indem zB dem Kommanditisten die dem Komplementär zustehenden Kontrollrechte eingeräumt werden (siehe § 118 Abs 1; oben Seite 34 f). Es kann aber auch **eingeschränkt** werden.

Beispiele: Die Ausübung kann einem Kommanditistenausschuss oder Beirat übertragen werden; das Einsichtsrecht kann auf den Prüfbericht des Abschlussprüfers beschränkt werden; es können Fristen festgelegt werden, innerhalb derer das Recht auszuüben ist etc.

Das **außerordentliche Kontrollrecht** kann vertraglich **nicht beschränkt** werden. Als zulässig angesehen wird lediglich die Vereinbarung eines Schiedsgerichts sowie die Bezeichnung bestimmter Tatsachen als wichtiger Grund.

IX. Gesellschafterbeschlüsse

Die Ausführungen über die Gesellschafterbeschlüsse bei der OG gelten auch für die KG. Der Kommanditist **nimmt** grundsätzlich an der **Beschlussfassung teil**. Lediglich bei der Entscheidung über gewöhnliche Geschäfte im Rahmen der Gesamtgeschäftsführung haben die Kommanditisten kein Mitspracherecht, sofern ihnen nicht vertraglich Gesamtgeschäftsführungsbefugnis eingeräumt wurde.

Mangels abweichender Vereinbarung im Gesellschaftsvertrag ist auch bei der KG für die Beschlüsse **Einstimmigkeit** erforderlich, dh es müssen auch alle Kommanditisten einer Maßnahme zustimmen (vgl § 119 Abs 1). In der Praxis werden allerdings häufig Mehrheitsbeschlüsse (vgl § 119 Abs 2) vorgesehen.

D. Das Außenverhältnis

I. Vertretung

1. **Organschaftliche Vertretung:** Nach § 170 ist der **Kommanditist** von der Vertretung der Gesellschaft **ausgeschlossen**. Diese Vorschrift ist zwingend. Zur **organschaftlichen Vertretung** der KG sind daher nur die Komplementäre zuständig.
2. **Rechtsgeschäftliche Vertretung:** Der Ausschluss von der organschaftlichen Vertretung hindert nicht, dass dem Kommanditisten eine durch Rechtsgeschäft begründete Vertretungsmacht als **Prokurist, Handlungsbevollmächtigter etc** eingeräumt wird. Wird dem Kommanditisten die Prokura bereits im **Gesellschaftsvertrag** zugesichert, so kann sie ihm nach hL nur bei Vorliegen eines wichtigen Grundes entzogen werden.

II. Haftung der Kommanditisten

1. **Unterschied zur Haftung des Komplementärs:** Die §§ 171 ff regeln die Haftung der Kommanditisten. Für die Haftung der **Komplementäre** sind die §§ 128 ff relevant. Kommanditisten haften wie Komplementäre primär, unmittelbar, persönlich und solidarisch. Im Unterschied zum Komplementär haftet der Kommanditist grundsätzlich aber beschränkt. Eine weitere Abweichung besteht beim Inhalt der Haftung. Während der Komplementär dem Gläubiger grundsätzlich auf Erfüllung haftet (siehe oben Seite 37 f), kann der Kommanditist nur auf eine Geldleistung in Anspruch genommen werden.
2. **Umfang der Kommanditistenhaftung:** Die Beschränkung der Haftung auf einen Geldbetrag lässt sich aus § 171 Abs 1 ableiten. Demnach ist die Haftung des Kommanditisten den Gesellschaftsgläubigern gegenüber mit der für jeden einzelnen Kommanditisten im Firmenbuch **eingetragenen Haft-**

summe beschränkt (zum Unterschied zwischen Pflichteinlage und Haftsumme siehe oben Seite 60 f). Eine Mindesthöhe für die Haftsumme schreibt das Gesetz nicht vor; nach Meinung des OLG Wien (28 R 53/05b) gebieten weder Gesellschafter- noch Gläubigerschutzinteressen, eine Untergrenze für die Haftsumme festzusetzen.

Vereinbaren die Gesellschafter nachträglich eine **Erhöhung** der Haftsumme, so können sich Gläubiger auf eine nicht im Firmenbuch eingetragene Erhöhung nur berufen, wenn sie in gehöriger Weise kundgemacht oder ihnen in anderer Weise von der Gesellschaft mitgeteilt worden ist (§ 172 Abs 1). Umgekehrt ist auch eine **Herabsetzung** der Haftsumme den Gläubigern gegenüber unwirksam, solange sie nicht in das Firmenbuch eingetragen ist. Gläubiger, deren Forderungen zur Zeit der Eintragung begründet waren, brauchen die Herabsetzung der Haftsumme nicht gegen sich gelten lassen (§ 174). Ihnen gegenüber gilt die ursprüngliche Haftsumme.

3. **Unmittelbare Haftung gegenüber Gesellschaftsgläubigern:** Hinsichtlich der Frage, ob und in welchem Ausmaß ein Kommanditist von einem Gesellschaftsgläubiger in Anspruch genommen werden kann, sind folgende Fallvarianten zu unterscheiden:

   a) Soweit der Kommanditist Einlagen in Höhe der Haftsumme geleistet hat, **haftet** er überhaupt **nicht** (§ 171 Abs 1). Durch die Leistung in das Gesellschaftsvermögen haben die Gesellschaftsgläubiger den Zugriff auf den vom Kommanditisten versprochenen Betrag.

   > **Beispiel:** Beträgt die im Firmenbuch eingetragene Haftsumme € 10.000 und hat der Kommanditist eine Einlage von € 10.000 geleistet, so haftet er den Gesellschaftsgläubigern gegenüber unmittelbar überhaupt nicht.

   Die Einlage ist grundsätzlich so zu leisten, wie sie im Gesellschaftsvertrag vereinbart wurde (Bareinlage oder Sacheinlage). Bei einer Sacheinlage ist maßgeblich, ob der objektive Wert der Einlage zum Zeitpunkt der Einbringung den Betrag der Haftsumme erreicht; wie die Sacheinlage bewertet wurde, ist bezüglich der Haftung unbeachtlich. Als haftungsbefreiende **Einlagenleistungen** des Kommanditisten gelten auch:

   - das Stehenlassen von Gewinnen
   - die Aufrechnung mit einer Forderung des Kommanditisten gegen die KG in Höhe des objektiven Werts der Forderung
   - Leistungen des Kommanditisten an einen Gesellschaftsgläubiger (Erfüllung einer Gesellschaftsschuld)

   b) Erreichen die vom Kommanditisten geleisteten Einlagen nicht den Betrag der Haftsumme bzw hat der Kommanditist überhaupt keine Einlagen geleistet, so haftet er für den Differenzbetrag (Haftsumme abzüglich geleisteter Einlage) den Gesellschaftsgläubigern gegenüber unmittelbar, primär und solidarisch mit seinem gesamten Privatvermögen (§ 171 Abs 1).

   > **Beispiel:** Beträgt die im Firmenbuch eingetragene Haftsumme € 10.000 und hat der Kommanditist eine Einlage von € 2.000 geleistet, so können die Gesellschaftsgläubiger in Höhe von € 8.000 Leistung vom Kommanditisten verlangen.

   c) Wurde eine bereits geleistete Einlage dem Kommanditisten **zurückgezahlt**, so gilt sie den Gläubigern gegenüber als nicht geleistet (§ 172 Abs 3). Als haftungsschädliche Rückzahlung

(Einlagenrückgewähr) gilt jede Leistung an den Kommanditisten aus dem Gesellschaftsvermögen ohne angemessene Gegenleistung.

> **Beispiele:** unangemessen hohe Tätigkeitsvergütungen; Bezahlung von Privatschulden des Kommanditisten durch die Gesellschaft; gewinnunabhängige Verzinsung der Einlage; Abfindungszahlung des ausscheidenden Kommanditisten aus dem Gesellschaftsvermögen.

Keine haftungsbegründende Einlagenrückgewähr liegt hingegen vor, wenn ein Kommanditist **gutgläubig Gewinne** bezogen hat, die ihm in Wahrheit nicht zustehen (§ 172 Abs 4).

Einer Einlagenrückgewähr gleichzuhalten ist aber eine im Widerspruch zu § 168 stehende **Gewinnauszahlung**, obwohl die vom Kommanditisten **geleistete Einlage** durch **Verluste gemindert** war (§ 172 Abs 3).

> **Beachte:** Eine Verlustzuweisung alleine bewirkt hingegen keine Änderung in der Haftungshöhe! Der Kommanditist hat nicht etwa den Verlust auszugleichen. Dies soll folgendes Beispiel demonstrieren: Die Haftsumme beträgt € 20.000; es wurden Einlagen in Höhe von € 15.000 geleistet. Von den Gesellschaftsgläubigern kann der Kommanditist daher noch in Höhe von € 5.000 unmittelbar in Anspruch genommen werden. Im Geschäftsjahr 2014 entfällt auf den Kommanditisten ein Verlust in Höhe von € 5.000. An seiner Haftung ändert sich nichts: Weiterhin haftet er den Gesellschaftsgläubigern in Höhe von € 5.000, weil er € 15.000 schon geleistet hat. Im Geschäftsjahr 2015 entfällt auf den Kommanditisten ein Gewinnanteil in Höhe von € 3.000, den er zur Gänze entnimmt. Nunmehr haftet er für € 8.000, weil er die nach § 168 Abs 1 vorgeschriebene Verlustauffüllungspflicht nicht erfüllt hat und den Gewinnanteil entnommen hat.

> **Beachte weiters:** Das Wiederaufleben der Haftung durch Gewinnentnahme ohne vorherige Auffüllung der durch Verluste geminderten Einlage (§ 172 Abs 3) besteht auch dann, wenn die nach § 168 Abs 1 vorgesehene Auffüllungspflicht im Gesellschaftsvertrag abbedungen wurde. § 172 Abs 3 betrifft das Außenverhältnis und ist daher **zwingend**!

4. **Haftung vor Eintragung der Gesellschaft:** Wurde eine KG durch Abschluss des Gesellschaftsvertrages errichtet (Entstehung im Innenverhältnis), ist sie aber mangels Eintragung im Firmenbuch noch nicht entstanden (siehe § 123), so stellt sich die Frage der Haftung, wenn bereits **vor Eintragung namens der KG** Rechtsgeschäfte getätigt werden und daraus Verbindlichkeiten entstehen. § 176 Abs 1 bestimmt, dass ein Kommanditist nur **bis zur Höhe seiner Haftsumme** haftet, wenn Gesellschafter oder zur Vertretung der Gesellschaft bestellte Personen vor Entstehen der KG in deren Namen handeln. Der in Anspruch genommene Kommanditist kann sich nicht darauf berufen, dass der handelnde Gesellschafter überhaupt nicht vertretungsbefugt war oder seine Vertretungsmacht überschritten hat. Eine Ausnahme besteht allerdings dann, wenn der Vertragspartner den Mangel der Vertretungsmacht kannte oder hätte kennen müssen. In diesem Fall ist der Dritte nicht schutzwürdig.
5. **Haftung bei Eintritt in eine bestehende KG:** Grundsätzlich sind zwei Sachverhalte zu differenzieren:
   a) Nach § 173 Abs 1 haftet jemand, der als Kommanditist in eine bestehende Gesellschaft eintritt, für die bis zu seinem Eintritt begründeten Verbindlichkeiten **(„Altschulden")** nur nach den oben erwähnten Bestimmungen der §§ 171, 172, also grundsätzlich nur bis zur Höhe der Haftsumme. Eine gesellschaftsvertragliche Abweichung (zB in dem Sinne, dass der eintretende Kommandi-

tist für Altschulden zB überhaupt nicht haften soll) wirkt nur im Innenverhältnis, ist aber einem Dritten gegenüber unwirksam (§ 173 Abs 2).

b) Davon zu unterscheiden ist die Frage, ob und in welchem Umfang der eintretende Kommanditist für jene Verbindlichkeiten haftet, die zwischen seinem Eintritt in die Gesellschaft und der Eintragung seines Eintritts im Firmenbuch entstanden sind (**„Zwischenschulden"**). § 176 Abs 2 bestimmt, dass für derartige Verbindlichkeiten der eintretende Kommanditist ebenfalls nur bis zur Höhe seiner Haftsumme haftet.

   Nach § 907 Abs 14 ist § 176 allerdings nur auf nach dem 31. 12. 2006 errichtete Kommanditgesellschaften anzuwenden. Bezüglich der Haftung eines Kommanditisten einer vor diesem Zeitpunkt errichteten KG gelten die bisherigen Bestimmungen des HGB weiter! § 176 Abs 2 HGB normiert eine **unbeschränkte Haftung** des Kommanditisten für Zwischenschulden unter der Voraussetzung, dass der Kommanditist der Fortführung der Geschäfte (zumindest konkludent) zugestimmt hat und dem Gläubiger auch nicht bekannt war, dass der Eintretende nur Kommanditist ist.

6. **Haftung bei Ausscheiden aus der KG:** Soweit der Kommanditist überhaupt unmittelbar gegenüber den Gläubigern haftet (siehe oben unter 3.), kommen für ihn die Bestimmungen des § 160 zur Anwendung. Der ausgeschiedene Kommanditist haftet gem § 160 für die bis zur Eintragung seines Ausscheidens begründeten Verbindlichkeiten, wenn sie vor Ablauf von 5 Jahren nach seinem Ausscheiden fällig sind. Siehe dazu im Einzelnen oben Seite 39 ff.

   Aus haftungsrechtlicher Sicht bedeutsam ist die **Abfindung** des ausscheidenden Kommanditisten. Die Abfindungszahlung kann entweder aus dem Privatvermögen der übrigen Gesellschafter oder aus dem Gesellschaftsvermögen geleistet werden. Erfolgt die Abfindung aus dem Gesellschaftsvermögen, so stellt dies eine Einlagenrückgewähr dar, die die Haftung wieder aufleben lässt (siehe oben unter Punkt 3 c). Hat der Kommanditist dagegen seine Einlage nicht zurückerhalten, so haftet er für Verbindlichkeiten nicht, selbst wenn seinem Rechtsnachfolger (dh dem Erwerber des Kommanditanteils) die Einlage zurückgewährt wird (§ 172 Abs 3).

E. Gesellschafterwechsel

I. Eintritt bzw Ausscheiden von Komplementären

Es bestehen keine Besonderheiten gegenüber einem Gesellschafterwechsel bei der OG. Es darf daher auf die entsprechenden Ausführungen (siehe oben Seite 43 ff) verwiesen werden. Eine Besonderheit besteht beim Ausscheiden des letzten Komplementärs; ohne Komplementär ist ein Wesenselement der KG nicht erfüllt. Wäre außerdem nur noch ein Kommanditist vorhanden, würde dieser gem § 142 Gesamtrechtsnachfolger und müsste für alle Verbindlichkeiten haften. Der durch das GesbR-RG eingeführte § 178 versucht den Kommanditisten zu schützen. § 178 setzt zunächst voraus, dass der Komplementär aufgrund einer gesellschaftsvertraglichen Regelung aus der Gesellschaft ausscheiden kann. Zu einem Ausscheiden kommt es nur dann, wenn die verbleibenden Kommanditisten vereinbaren, dass wenigstens einer von ihnen die Stellung eines Komplementärs übernimmt oder wenn der einzig verbleibende Kommanditist erklärt, das Gesellschaftsvermögen im Wege der Gesamtrechtsnachfolge nach § 142 zu übernehmen. Ist dies nicht der Fall, ist die KG aufgelöst und unter Beteiligung des Komplementärs zu liquidieren. § 178 kommt nicht zur Anwendung, wenn der Kommanditist etwa den Ausschluss des Komplementärs betrieben oder ihn sonst aus der Gesellschaft gedrängt hat. In diesen Fällen ist der Kommanditist nicht schutzwürdig.

II. Eintritt eines Kommanditisten

Wie bei der OG erfolgt der Eintritt durch den Abschluss eines Aufnahmevertrages zwischen dem Eintretenden und den bisherigen Gesellschaftern. Auch hier bestehen keine Besonderheiten im Vergleich zum Eintritt eines unbeschränkt haftenden Gesellschafters.

III. Ausscheiden eines Kommanditisten

Ebenso wie ein Komplementär kann auch der Kommanditist freiwillig oder zwangsweise aus der KG ausscheiden. Die Ausschlussklage nach § 140 kann auch gegen den Kommanditisten eingebracht werden. Umgekehrt könnte aber zB auch der einzige Kommanditist gegen die übrigen Gesellschafter eine Ausschlussklage einbringen und bei Obsiegen das Unternehmen im Wege der Gesamtrechtsnachfolge nach § 142 übernehmen (siehe die oben unter Punkt I. besprochenen Rechtsfolgen des § 178). Scheidet der letzte Kommanditist aus, wird die Gesellschaft zu einer OG, sofern zumindest zwei Komplementäre vorhanden sind. Es liegt ein identitätswahrender Formwechsel vor, sodass es keiner Übertragung von Vermögen auf einen anderen Rechtsträgers bedarf.

IV. Die Übertragung der Mitgliedschaft des Kommanditisten

Es bestehen keine Besonderheiten gegenüber der Übertragung der Mitgliedschaft bei einer OG (siehe oben Seite 47). Der ausscheidende Kommanditist wird im Firmenbuch gelöscht und der Erwerber eingetragen. Beim Erwerber wird im Firmenbuch nach § 4 Z 6 FBG ein Nachfolgevermerk hinzugefügt. Aus diesem Vermerk ist erkennbar, dass der betreffende Kommanditist seinen Anteil von einem anderen erworben hat.

V. Tod eines Kommanditisten

Während der Tod eines Komplementärs die Auflösung der KG zur Folge hat, wird die Gesellschaft durch den **Tod des Kommanditisten** nicht aufgelöst (§ 177). Die Gesellschaft wird mit dem Nachlass und nach Einantwortung mit dem bzw den Erben fortgesetzt, ohne dass dazu eine gesellschaftsvertragliche Vorkehrung notwendig wäre; § 139 kommt daher nicht zur Anwendung. Hat der verstorbene Kommanditist mehrere Erben, wird jeder einzelne Kommanditist.

F. Die Beendigung der Gesellschaft

Es bestehen nur wenige Abweichungen zur OG. Aufgelöst wird die Gesellschaft auch, wenn kein Komplementär mehr vorhanden ist. Scheiden alle Kommanditisten aus und sind mindestens zwei Komplementäre vorhanden, so besteht die Gesellschaft als OG fort. Zu beachten ist, dass der Tod eines Kommanditisten wie soeben erwähnt nicht zur Auflösung der Gesellschaft führt.

Einige Besonderheiten sind auch im Liquidationsstadium zu beachten:

- Sofern der Gesellschaftsvertrag keine abweichende Regelung enthält oder kein abweichender Beschluss gefasst wird, sind alle Kommanditisten (gemeinsam mit den Komplementären) auch Liquidatoren (§ 146 Abs 1).
- Hat der Kommanditist seine Einlage geleistet, so bestehen keine weiteren Zahlungsverpflichtungen. Reicht das Vermögen zur Deckung der Verbindlichkeiten oder zur Deckung der Guthaben von Gesellschaftern nicht aus, ist der Kommanditist nicht zur Leistung weiterer Beträge verpflichtet (siehe § 169).

G. Sonderformen der KG

Nach dem gesetzlichen Leitbild besteht eine KG aus einem kleinen überschaubaren Kreis von Gesellschaftern, wobei ein Teil – die Komplementäre – unbeschränkt mit dem gesamten Privatvermögen haftet. Die Vertragspraxis ist von diesem Leitbild abgegangen:

- Es finden sich einerseits Kommanditgesellschaften, bei denen keine natürliche Person mit ihrem Privatvermögen haftet (sog **„Kapitalgesellschaft & Co"**). Komplementär einer solchen Gesellschaft ist eine inländische (zB eine AG oder GmbH) oder ausländische (zB eine „Private Limited Company") juristische Person. Sehr häufig übernimmt in der Praxis eine GmbH die Rolle des Komplementärs. Eine derartige Rechtskonstruktion bezeichnet man als **GmbH & Co KG**.
- Abweichend von der Vorstellung des Gesetzgebers, eine KG bestehe aus nur wenigen Gesellschaftern, findet man andererseits Gesellschaften mit einem großen Gesellschafterkreis. Man spricht bei einer derartigen Gestaltung von einer sog **Publikums-KG**.

I. Die Kapitalgesellschaft & Co

1. **Begriff, Wesen und Erscheinungsformen:** Eine Kapitalgesellschaft & Co ist eine **KG**, deren (regelmäßig einziger) Komplementär eine Kapitalgesellschaft (vorzüglich eine GmbH) oder ein sonstiger Rechtsträger (zB ein Verein) ist, bei dem keine natürliche Person die unbeschränkte Haftung trägt. Der Vollständigkeit halber sei erwähnt, dass unter den Begriff der Kapitalgesellschaft & Co auch eine OG fällt, bei der keine natürliche Person unbeschränkt haftet.

   Je nach Ausgestaltung des Gesellschafterkreises werden terminologisch verschiedene Arten der Kapitalgesellschaft & Co unterschieden:

   - Besteht der Kreis der unbeschränkt haftenden Gesellschafter aus zumindest einer natürlichen und einer juristischen Person, spricht man von der **Kapitalgesellschaft & Co im weiteren Sinn**. Die Konstellation, dass zumindest eine natürliche Person als unbeschränkt haftender Gesellschafter auftritt, hat keine besonderen rechtlichen Konsequenzen. Die Gesellschaft wird wie eine „gewöhnliche" KG (oder OG) behandelt.
   - Ist keine natürliche Person unbeschränkt haftender Gesellschafter, liegt eine **Kapitalgesellschaft & Co im engeren Sinn** vor.
   - Ist der einzige Komplementär eine juristische Person und sind die Gesellschafter dieses Komplementärs gleichzeitig die Kommanditisten der KG, spricht man allgemein von einer **Kapitalgesellschaft & Co im engsten Sinn**. Hier sind noch zwei Sonderformen zu unterscheiden: Sind alle Kommanditisten an der Komplementärgesellschaft beteiligt, liegt eine **personengleiche Kapitalgesellschaft & Co** vor. Im Extremfall ist der Komplementär eine Einpersonen-Gesellschaft (siehe oben Seite 2) und der alleinige Gesellschafter der Komplementärgesellschaft auch der einzige Kommanditist der KG.

   Beispiel: Einziger Komplementär einer KG ist die X-GmbH, dessen einziger Gesellschafter Y ist. Dieser wiederum ist der alleinige Kommanditist der betreffenden KG.

   Beachte: Obwohl im Ergebnis nur eine Person hinter dieser Konstruktion steckt, handelt es sich um keine Einpersonengesellschaft! Denn eine KG muss bekanntlich zwingend aus zumindest einem Komplementär (hier: der Einpersonen-GmbH) und einem Kommanditisten (hier: dem einzigen Gesellschafter der GmbH) bestehen. Mit anderen Worten: Die KG besteht aus zwei Personen (nämlich der GmbH als Komplementär und deren Gesellschafter als Kommanditist); nur die Komplementär-GmbH ist bei dieser Konstruktion eine Einpersonengesellschaft!

- Von einer **doppelstöckigen Kapitalgesellschaft & Co** spricht man, wenn eine Kapitalgesellschaft & Co bei einer anderen KG als Komplementär auftritt und daneben keine natürliche Person unbeschränkt haftet.
- Eine **Einheits-Kapitalgesellschaft & Co** liegt vor, wenn die KG die einzige Gesellschafterin der Komplementär-Gesellschaft (zB AG oder GmbH) ist. Diese Erscheinungsform wird nach hL wegen des Verbotes des (mittelbaren) Erwerbs eigener Geschäftsanteile (§ 65 AktG bzw § 81 GmbHG) als **unzulässig** angesehen. Der OGH hat allerdings in einer Entscheidung aus dem Jahr 2014 den Erwerb aller Geschäftsanteile an einer Komplementär-GmbH durch die KG für zulässig angesehen, wenn die Komplementär-GmbH (als Arbeitsgesellschafterin) nicht am Vermögen der KG beteiligt ist, die Geschäftsanteile voll eingezahlt sind und die KG den Kaufpreis aus ihrem freien Vermögen leistet. Diese Konstellation ist für den OGH nicht einem Erwerb eigener Anteile nach § 81 GmbHG gleichzuhalten.

2. **Rechtsfolgen:** Die Tatsache, dass bei der Kapitalgesellschaft & Co im engeren und engsten Sinn keine natürliche Person die unbeschränkte Haftung übernimmt, hat den Gesetzgeber dazu veranlasst, die KG (bzw OG) in bestimmten Rechtsbereichen einer Kapitalgesellschaft gleichzustellen, dh sie rechtlich nicht wie eine gewöhnliche KG (bzw OG), sondern wie eine Kapitalgesellschaft zu behandeln. Beispielhaft sind folgende Bestimmungen zu erwähnen:
   - Nach § 14 Abs 1 sind bei einer Kapitalgesellschaft & Co bestimmte Angaben über den Komplementär auf Geschäftsbriefen, Bestellscheinen etc der OG/KG zu machen.
   - Nach § 19 Abs 2 muss bei einer Kapitalgesellschaft & Co aus der Firma der Umstand erkennbar sein, dass keine natürliche Person unbeschränkt haftet.
   - § 189 Abs 1 Z 2 sieht eine Rechnungslegungspflicht nach UGB vor (Details oben auf Seite 17 f).
   - Im Bereich der Rechnungslegung bzw Konzernrechnungslegung kommen auf die Kapitalgesellschaft & Co die für Kapitalgesellschaften geltenden Bestimmungen zur Anwendung (Details dazu in § 221 Abs 5 bzw § 244 Abs 3).
   - Nach § 67 IO ist bei der Kapitalgesellschaft & Co nicht nur die Zahlungsunfähigkeit, sondern auch die Überschuldung ein Insolvenzeröffnungsgrund.
   - Die Haftungsbestimmungen des § 22 URG gelten auch bei einer unternehmerisch tätigen eingetragenen Personengesellschaft, bei der keine natürliche Person persönlich haftender Gesellschafter mit Vertretungsbefugnis ist (§ 22 Abs 2 URG).
   - Gem § 4 Z 3 EKEG fallen Personengesellschaften, bei denen kein unbeschränkt haftender Gesellschafter eine natürliche Person ist, in den Anwendungsbereich des EKEG. Eigenkapitalsersatz-Gesetz

   Für den OGH sind generell die für Kapitalgesellschaften geltenden Kapitalerhaltungsvorschriften auch auf die Kapitalgesellschaft & Co ieS sinngemäß anzuwenden. In der viel Aufsehen erregenden Entscheidung 2 Ob 225/07p hat der OGH festgehalten, dass die für die **GmbH geltenden Kapitalerhaltungsvorschriften** auch bei der **Kapitalgesellschaft & Co im engeren Sinn** analog zum Tragen kommen und auch für jene Kommanditisten gelten, die nur an der KG und nicht auch an der Komplementär-Gesellschaft beteiligt sind. Der OGH hat allerdings viele Fragen offen gelassen; so etwa die Frage, ob bei einer Herabsetzung der Haftsumme des Kommanditisten (§ 174) die für eine GmbH geltenden Kapitalerhaltungsvorschriften (§§ 54 f GmbHG) sinngemäß anzuwenden sind. Ebenso offen gelassen wurde die Frage, ob im Fall einer unzulässigen Einlagenrückgewähr die Mitgesellschafter analog § 83 Abs 2 GmbHG haften. Diskutiert wird auch, ob eine Durchgriffshaftung (siehe ORAC-RS Kapitalgesellschaften[9], Seite 44 f) für die Gesellschafter der Komplementärgesellschaft und die Kommanditisten der KG in Betracht zu ziehen ist.

3. **Motive für die Gründung:** Wesentliches Motiv für die Gründung einer Kapitalgesellschaft & Co ist die Haftungsbeschränkung. Zwar haftet die Komplementär-Gesellschaft unbeschränkt mit ihrem gesamten Gesellschaftsvermögen; die Haftung der hinter der Kapitalgesellschaft stehenden – regelmäßig natürlichen – Personen ist aber **beschränkt**, weil diese weder als Gesellschafter der Kapitalgesellschaft noch als allfällige Kommanditisten der KG über ihre Einlageverpflichtung hinaus eine unbeschränkte Haftung tragen. Im Ergebnis entsteht eine **beschränkt haftende Personengesellschaft**.

   Weitere wichtige **gesellschaftsrechtliche Motive:**

   - Die Beteiligung der Kapitalgesellschaft ermöglicht eine den Personengesellschaften an sich fremde **Drittorganschaft**: Zur Geschäftsführung berechtigt ist die Komplementär-Kapitalgesellschaft (vgl § 164), vertreten durch ihr Leitungsorgan. Dieses muss weder an der Kapitalgesellschaft noch an der KG beteiligt sein. Häufig wird bei einem derartigen Motiv die Komplementär-Kapitalgesellschaft nicht am Vermögen und am Gewinn der KG („Gesellschafter ohne Kapitalanteil") beteiligt, sondern erhält für die Übernahme der Geschäftsführung und der unbeschränkten Haftung eine Provision.
   - Die **Unternehmenskontinuität** ist gewährleistet: Während der Tod eines Komplementärs grundsätzlich zur Auflösung der Gesellschaft führt, berührt der Tod eines Gesellschafters einer Kapitalgesellschaft und/oder eines Kommanditisten den Bestand der Gesellschaft nicht.

4. **Gründung:** Zunächst ist die Komplementärgesellschaft zu gründen. Diese entsteht idR mit Eintragung im Firmenbuch und kann nun Komplementär einer zu gründenden KG werden. Die Kapitalgesellschaft kann aber auch in eine bereits bestehende KG eintreten, aus der der bisherige Komplementär – regelmäßig eine natürliche Person – ausscheidet oder Kommanditist wird.

II. Die Publikums-KG

1. **Begriff und Wesen:** Die Publikums-KG (auch Massen-KG bzw Abschreibungsgesellschaft genannt) besteht aus einer großen Zahl von Kommanditisten, die sich lediglich als Anlagegesellschafter zur Risikofinanzierung unterschiedlicher Projekte beteiligen und daher nur einen geringen Einfluss auf die Organisation und auf die Zusammensetzung des Mitgliederkreises nehmen können (bzw wollen). Die Beitrittswilligen finden meist einen von den Initiatoren verfassten Gesellschaftsvertrag vor, auf den sie keinen Einfluss mehr nehmen können. Als Komplementär fungiert häufig eine GmbH (die Publikums-KG ist daher oft als GmbH & Co KG konstruiert), die meistens nach dem Gesellschaftsvertrag berechtigt ist, neue Kommanditisten aufzunehmen. Die körperschaftlich organisierte Gesellschaft ist nicht auf einen festen Mitgliederbestand ausgelegt; der Eintritt und das Ausscheiden von Kommanditisten sind oft ohne größere Beschränkungen durch Kündigung der Mitgliedschaft möglich. Die Beteiligung der Anleger kann auf zwei unterschiedliche Arten erfolgen:

   - Die Anleger beteiligen sich **unmittelbar** als Kommanditisten, wobei die dispositiven Kommanditistenrechte weitgehend abbedungen werden. Jeder einzelne Anleger ist als Kommanditist mit seiner individuellen Haftsumme ins Firmenbuch einzutragen. Bei der Firmenbuchanmeldung müssen ungeachtet der großen Zahl alle Kommanditisten mitwirken bzw sich vertreten lassen.
   - Die Anleger beteiligen sich **mittelbar** an der KG („Treuhand-KG"). Unmittelbarer Kommanditist ist ein Treuhänder, der die Rechte für die Treugeber ausübt. Treuhänder ist regelmäßig eine Kapitalgesellschaft. Zu beachten ist bei dieser häufig anzutreffenden Konstruktion, dass die Anleger rechtlich nicht Kommanditisten sind und daher auch keine den Kommanditisten zustehenden Rechte ausüben können. Tritt für die eigentlichen Geldgeber ein Treuhänder als Komman-

ditist auf, so ist dieser allein gegenüber der Gesellschaft und den Gesellschaftsgläubigern aus dem Kommanditverhältnis berechtigt und verpflichtet.

2. **Motive für die Gründung:** Die Publikums-KG dient als Kapitalsammelbecken zur Durchführung von Projekten (zB Bauherrenmodelle). Vorteile gegenüber einer Kapitalgesellschaft liegen in der Flexibilität des Personengesellschaftsrechts, die allerdings auch Gefahren für die Anleger mit sich bringt. Vielfach werden derartige Anlegermodelle aus steuerlichen Gründen gezeichnet; Verluste der Gesellschaft werden den Gesellschaftern zugerechnet und vermindern daher das zu versteuernde Einkommen. Die Anleger werden mit Prospekten geworben, aus denen die wesentlichen Grundlagen (rechtliche Konstruktion, steuerliche Behandlung, erwartete Rendite usw) ersichtlich sind. Für falsche Prospektangaben haften die Initiatoren des Modells.

VIERTER ABSCHNITT
DIE GESELLSCHAFT BÜRGERLICHEN RECHTS

Achtung: Paragraphen ohne Gesetzesangabe beziehen sich auf das ABGB!

A. Rechtsquellen, Begriff und Rechtsnatur

I. Rechtsquellen

Die GesbR ist im 27. Hauptstück des **ABGB** in den §§ 1175 ff geregelt. Diese Vorschriften blieben seit Inkrafttreten des ABGB im Jahr 1811 **nahezu unverändert**. Dementsprechend schwer verständlich, antiquiert und daher auch reformbedürftig waren die gesetzlichen Regelungen über die GesbR. Im November 2010 wurde daher im BMJ eine Arbeitsgruppe zur Erneuerung des 27. Hauptstückes des ABGB eingerichtet; im November 2011 wurde ein erster „ministerieller Diskussionsentwurf" vorgelegt und in weiterer Folge aufgrund der eingelangten Stellungnahmen entsprechend überarbeitet. Im Oktober 2014 wurde im Nationalrat schließlich das GesbR-Reformgesetz (GesbR-RG) beschlossen. Durch dieses Gesetz wurde das 27. Hauptstück des ABGB gänzlich überarbeitet und orientiert sich nunmehr in wesentlichen Teilen am OG-Recht.

Das neue GesbR-Recht ist mit 1. 1. 2015 in Kraft getreten. Zu beachten sind die umfangreichen in § 1503 Abs 5 geregelten **Übergangsbestimmungen**. Für eine bereits zu diesem Zeitpunkt bestehende GesbR besteht bezüglich der das **Innenverhältnis** betreffenden Vorschriften ein Optionsrecht: Sofern keiner der Gesellschafter binnen Ablauf des 30. 6. 2016 gegenüber den übrigen Gesellschaftern erklärt, das zuvor geltende Recht beibehalten zu wollen, ist ab 1. 7. 2016 auch für diese Gesellschaften die neue Rechtslage maßgeblich (§ 1503 Abs 5 Z 2). Wird hingegen eine solche Erklärung abgegeben, gelten die betreffenden Bestimmungen für diese „Altgesellschaft" erst ab dem Jahr 2022 (§ 1503 Abs 5 Z 3). Dies gilt jedoch „unbeschadet des Vorrangs gesellschaftsvertraglicher Vereinbarungen". Mit anderen Worten: Wenn der Gesellschaftsvertrag einer GesbR Regelungen vorsieht, die von den neuen gesetzlichen Regeln abweichen, ändert sich für die Gesellschaft auf Dauer nichts! Der Gesellschaftsvertrag hat hinsichtlich der Rechtsverhältnisse der Gesellschafter untereinander Vorrang vor dem Gesetz (siehe § 1181).

II. Begriff

1. Die **Wesensmerkmale** einer Gesellschaft bürgerlichen Rechts (= GesbR, Erwerbsgesellschaft bürgerlichen Rechts, ABGB-Gesellschaft) werden in § 1175 Abs 1 definiert. Dessen Satz 1 bestimmt zunächst nur ganz allgemein, dass eine „Gesellschaft" gebildet wird, wenn sich zwei oder mehrere Personen durch einen Vertrag zusammenschließen, um durch eine bestimmte Tätigkeit einen gemeinsamen Zweck zu verfolgen. Erst im zweiten Satz wird klargestellt, dass eine GesbR nur dann vorliegt, wenn die Gesellschafter keine andere Gesellschaftsform wählen. Die GesbR hat also – wie es die EB ausdrücken –„Auffangfunktion".
2. Die Definition der GesbR entspricht im Wesentlichen der allgemeinen Definition einer Gesellschaft, sodass hier auf die entsprechenden Ausführungen auf Seite 1 ff verwiesen werden kann. Ergänzend ist noch festzuhalten, dass die GesbR jeden erlaubten Zweck verfolgen und jede erlaubte Tätigkeit zum Gegenstand haben kann (§ 1175 Abs 3); eine GesbR kann daher auch ideelle Zwecke verfolgen.

III. Rechtsnatur

1. **Keine eigene Rechtspersönlichkeit:** § 1175 Abs 2 stellt ausdrücklich klar, dass die GesbR nicht rechtsfähig ist. Sie ist **keine juristische Person**. Daher ist sie nicht parteifähig; sie kann als Gesell-

schaft nicht klagen oder geklagt werden; Parteien des Rechtsstreits sind die Gesellschafter als Einzelpersonen. Ebenso wenig kann die GesbR Inhaber eines Rechts (zB Eigentumsrecht, Pfandrecht, Forderungsrecht, Mietrecht) sein. Ins Grundbuch, Marken- und Patentregister werden die Gesellschafter als Rechtsträger, nicht aber die Gesellschaft eingetragen. Mangels eigener Rechtspersönlichkeit kann über das Vermögen einer GesbR auch nicht ein Insolvenzverfahren eröffnet werden.

2. **Personengesellschaft:** Die GesbR ist nach der herkömmlichen Abgrenzung eine Personengesellschaft.

3. **Außengesellschaft – Innengesellschaft:** Die GesbR kann nach dem Willen der Gesellschafter entweder eine Innen- oder Außengesellschaft sein (§ 1176). Haben die Gesellschafter diesbezüglich keine oder keine eindeutige Regelung getroffen, bietet § 1176 Abs 1 Satz 2 eine Hilfestellung: Wird für die Gesellschaft eine **eigene Bezeichnung** („Gesellschaftsnamen") geführt oder betreibt die Gesellschaft ein Unternehmen, so wird **vermutet**, dass die Gesellschafter eine Außengesellschaft vereinbaren wollten. Das Betreiben eines Unternehmens oder das Führen eines Gesellschaftsnamens sind für Dritte erkennbare Umstände, die auf eine Außengesellschaft hindeuten. Da es sich um eine Vermutungsregel handelt, können die Gesellschafter diese Vermutung auch widerlegen, indem sie nachweisen, dass der einhellige Wille der Gesellschafter auf die Errichtung einer Innengesellschaft gerichtet war. Aber auch in diesem Fall sind die Interessen Dritter zu berücksichtigen, die aufgrund des Betreibens eines Unternehmens oder das Führen eines Gesellschaftsnamens von einer Außengesellschaft ausgegangen sind. Die Tatsache, dass die Gesellschafter aber eine Innengesellschaft vereinbart haben, kann einem Dritten nur entgegengehalten werden, wenn der Dritte dies wusste oder hätte wissen müssen (§ 1176 Abs 2).

   Nach den EB ist es auch möglich, dass die Gesellschafter zwar eine Innengesellschaft vereinbart haben, aber ausnahmsweise für ein einzelnes Rechtsgeschäft als Außengesellschaft auftreten, indem sie dies dem Dritten entsprechend erkennbar machen. Umgekehrt wäre es auch möglich, dass bei einer Außen-GesbR die Gesellschafter in einem einzelnen Fall von einem gemeinsamen Auftreten im Geschäftsverkehr absehen und nur ein Gesellschafter alleine ein Geschäft mit einem Dritten abschließt, die Wirkungen dieses Geschäfts aber im Innenverhältnis der Gesellschaft zugerechnet werden.

   Die Unterscheidung zwischen Innen- und Außengesellschaft ist insofern bedeutsam, weil die Regelungen des 3. Abschnitts („Rechtsverhältnisse zu Dritten"; §§ 1197 bis 1200) bezüglich der Vertretung und Haftung nur für Außengesellschaften gelten.

4. **Unternehmereigenschaft:** Die GesbR selbst kann mangels eigener Rechtspersönlichkeit nicht Unternehmer iSd UGB sein. Unternehmereigenschaft kommt allenfalls den Gesellschaftern zu. Daran ändert auch nichts, dass das Gesetz an mehreren Stellen (§ 1176 Abs 1, § 1187 und § 1197) von einer unternehmerisch tätigen GesbR spricht.

B. Die Bedeutung und der Einsatzbereich der GesbR

Zum Zeitpunkt des Inkrafttretens des ABGB war die GesbR die einzige einheitlich kodifizierte Gesellschaftsform; sie war der Ausgangspunkt für alle anderen später entstandenen Rechtsformen. Sie hat ihre historischen Wurzeln in der römisch-rechtlichen „societas". Trotz der Vielfalt unterschiedlicher Gesellschaftsformen erfreut sich die GesbR nach wie vor einer großen Beliebtheit; speziell im Bauwesen hat die GesbR in Gestalt von Arbeitsgemeinschaften („ARGE") eine lange Tradition. Die GesbR hat aber auch die schon erwähnte Funktion eines „Auffangbeckens": Liegen die Tatbestandselemente einer Gesellschaft vor (siehe oben Seite 1), ohne dass die Gesellschafter eine besondere Rechtsform vereinbart haben, ist der Zusammenschluss als GesbR zu qualifizieren.

Die Verbreitung der GesbR hat ihren Grund aber auch in dem überaus breiten Einsatzbereich, der sowohl unternehmerische als auch nicht unternehmerische Tätigkeiten erfasst:

- Zusammenschluss zum Betrieb eines **nicht rechnungslegungspflichtigen Unternehmens:** Grundsätzlich besteht für die Ausübung derartiger Tätigkeiten in Form einer Personengesellschaft die Wahlfreiheit zwischen der OG/KG und der GesbR. Diese Wahlfreiheit besteht allerdings nur, soweit die Gesellschaft nicht rechnungslegungspflichtig ist. Eine Rechnungslegungspflicht für Unternehmer besteht gem § 189 Abs 1 Z 2 iVm § 189 Abs 2 UGB, wenn sie in zwei aufeinanderfolgenden Geschäftsjahren Umsatzerlöse von über € 700.000 oder in einem Geschäftsjahr Umsatzerlöse von über € 1.000.000 erzielen. Überschreitet nun eine **unternehmerisch tätige** GesbR diesen „Schwellenwert", so sind die Gesellschafter verpflichtet, sie als OG oder KG im Firmenbuch einzutragen (§ 8 Abs 3 UGB).
- Zusammenschluss zur gemeinsamen Ausübung einer **freiberuflichen Tätigkeit:** Voraussetzung ist allerdings, dass die jeweiligen spezifischen Berufsvorschriften die gemeinsame Ausübung einer freiberuflichen Tätigkeit gestatten.

> **Beispiele:** Gemeinsame Berufsausübung von Rechtsanwälten (§ 1a RAO), Patentanwälten (§ 1a PatentanwaltsG) und Notaren (§ 29 NO). Die Zusammenarbeit von Ärzten in Form von Gruppenpraxen ist gem § 52a ÄrzteG hingegen nur als OG oder GmbH möglich.

- Zusammenschluss zur gemeinsamen Ausübung einer **land- oder forstwirtschaftlichen Tätigkeit:** Land- und Forstwirte betreiben nach traditioneller Auffassung kein gewerbliches Unternehmen; sie sind deshalb gem § 4 Abs 3 UGB von der Anwendbarkeit des Ersten Buches des UGB ausgenommen. Ungeachtet dessen können sich Land- und Forstwirte zu einer GesbR (ebenso wie zu einer OG/KG) zusammenschließen.
- Zusammenschluss zur gemeinsamen Ausübung **sonstiger Tätigkeiten:** Wie schon erwähnt dient die GesbR gleichsam als „Auffangbecken" für sonstige Tätigkeiten, die die Kriterien einer Gesellschaft erfüllen. Hauptanwendungsfall sind sog **„Gelegenheitsgesellschaften"**, bei denen sich mehrere Personen zur Durchführung eines konkreten Projekts zusammenschließen. Folgende praktische Anwendungsfälle sind hervorzuheben: Arbeitsgemeinschaften im Bauwesen **(„ARGE")**, **Kreditkonsortien** (Großkreditgewährung durch mehrere Banken), **Interessensgemeinschaften** („IG"), **Emissionskonsortien** (Zusammenschluss mehrerer Banken, um eine Wertpapierausgabe eines Unternehmers am Markt unterzubringen [Beispiel: eine AG benötigt Kapital und versucht dieses durch Ausgabe von Schuldverschreibungen am Kapitalmarkt zu erhalten; das Emissionskonsortium übernimmt die Aufgabe, für eine rechtlich einwandfreie und kostengünstige Abwicklung zu sorgen]).
- Eine sog **Vorgründungsgesellschaft** wird vom OGH als GesbR qualifiziert. Darunter versteht man eine Vereinigung von Personen, die eine Gesellschaft gründen wollen, ohne dass schon ein formgültiger Gesellschaftsvertrag abgeschlossen wurde. Zu unterscheiden ist die Vorgründungsgesellschaft von der Vorgesellschaft; Letztere bezeichnet den Zeitraum zwischen dem Abschluss des Gesellschaftsvertrages und der Eintragung einer Gesellschaft im Firmenbuch (vgl § 2 GmbHG, § 34 AktG und § 123 Abs 2 UGB). Die Vorgesellschaft wird von der Judikatur dagegen nicht als GesbR, sondern als Rechtsform „eigener Art" („sui generis") angesehen (vgl auch ORAC-RS UR Kapitalgesellschaften[9], Seite 15 ff).
- Ein **Stimmbindungsvertrag (Syndikatsvertrag)**, in dem sich mehrere Gesellschafter einer Personen- oder Kapitalgesellschaft verpflichten, ihre Stimme so abzugeben, wie es die Mehrheit der Mitglieder im Syndikat beschließt, ist ebenfalls ein praktischer Anwendungsfall für eine GesbR.
- Eine GesbR kann auch zwischen **Ehegatten** oder **Lebensgefährten** bestehen, wobei zu beachten ist, dass mit Eingehen einer Ehe oder Lebensgemeinschaft allein noch keine GesbR begründet wird. Die Partner müssen ihre gemeinsame Tätigkeit auf die Erreichung eines bestimmten Zwecks

(zB Bau eines Hauses) richten und eine Organisation haben, die jedem Partner gewisse Einwirkungs- bzw Mitwirkungsrechte einräumt.

Beispiel: Der OGH hat die gemeinsame Pflege zweier Gibbonaffen durch (ehemalige) Lebensgefährten nicht als eine GesbR qualifiziert, weil es im Anlassfall an einer wenigstens losen Gemeinschaftsorganisation mangelte. Zwischen den Partnern wurde nie besprochen, wer welche Arbeiten und welche Betreuungsleistungen im Zusammenhang mit den Affen zu erbringen und wer welchen finanziellen Aufwand zu tragen hat. Die Beteiligten trugen jeden Aufwand freiwillig und aus Liebe zu den Affen. Die gemeinsame Betreuung von Affen durch Lebensgefährten wurde daher als eine unverbindliche, die Schwelle zur Gesellschaft nicht übersteigende Interessengemeinschaft qualifiziert.

Ebenso wenig wie das Eingehen der Ehe die Begründung einer GesbR bedeutet, hat auch eine Scheidung nicht zwingend die Auflösung der GesbR zur Folge. Bei Scheitern einer Ehe oder Lebensgemeinschaft ist zwar idR grundsätzlich von der Beendigung der Gesellschaft auszugehen, es sei denn, dass die nunmehr getrennten Partner die GesbR dennoch fortsetzen wollen.

- Auch eine (studentische) **Wohngemeinschaft** (WG) kann eine GesbR sein. Der für das Vorliegen einer Gesellschaft erforderliche gemeinsame Zweck kann in der gemeinsamen Nutzung einer Wohnung oder eines Hauses mit der damit verbundenen Kostenersparnis liegen. Haben die Mitglieder der WG auch die wechselseitigen Rechte und Pflichten besprochen und festgelegt, wird man vom Bestehen einer GesbR ausgehen können. Wird der Mietvertrag zwischen dem Vermieter und jedem einzelnen Mitglied der Wohngemeinschaft abgeschlossen, liegt nur eine Innengesellschaft vor, zumal die GesbR als solche nach außen nicht in Erscheinung tritt.

C. Gründung der Gesellschaft

I. Abschluss des Gesellschaftsvertrages

Der **Gesellschaftsvertrag** der GesbR unterliegt keinen besonderen Formvorschriften. Er kann daher auch **konkludent** zustande kommen. Es muss aber zumindest eine Willenseinigung der Gesellschafter zu einer wechselseitigen Bindung mit konkreten Rechten und Pflichten vorliegen. Zudem muss eine – wenn auch nur lose – Gemeinschaftsorganisation vereinbart sein, die jedem Partner bestimmte Einwirkungs- und Mitwirkungsrechte einräumt.

Eine **Änderung** des Gesellschaftsvertrages bedarf der Willensübereinstimmung aller Gesellschafter. Allerdings kann der Gesellschaftsvertrag auch eine Abänderung durch Mehrheitsbeschluss vorsehen.

Wie § 1179 Abs 1 hervorhebt, ist der Gesellschaftsvertrag der Titel für die Bildung und den Erwerb von Gesellschaftsvermögen. Wenn also die Gesellschafter im Gesellschaftsvertrag Einlagen vereinbaren, die das allen Gesellschaftern gehörende Gesellschaftsvermögen bilden sollen, so ist die gesellschaftsvertragliche Pflicht zur Einlagenleistung der Titel (Verpflichtungsgeschäft; siehe § 380) für den Eigentumserwerb. Daraus folgt aber auch, dass niemand ohne gesellschaftsvertragliche Grundlage und damit Zustimmung aller Gesellschafter etwas in das Gesellschaftsvermögen einbringen und damit mittelbar seine Beteiligung an der Gesellschaft vergrößern kann.

II. Gesellschafter

Es gelten jene Grundsätze, die bei der OG auf Seite 19 besprochen wurden und auf die hier verwiesen wird. Gesellschafter können alle inländischen und ausländischen natürlichen und juristischen

Personen sowie auch die von der hA nur als quasi-juristische Personen angesehenen OG und KG sein. Eine andere GesbR, eine stille Gesellschaft sowie die Erbengemeinschaft scheiden mangels Rechtsfähigkeit als Gesellschafter aus.

III. Entstehen der Gesellschaft

Die GesbR entsteht idR mit Abschluss des Gesellschaftsvertrages. Die Gesellschafter könnten aber auch vereinbaren, dass die GesbR nicht schon mit dem Vertragsabschluss, sondern erst zu einem späteren vereinbarten Zeitpunkt entstehen soll. Eine **Firmenbucheintragung** ist mangels Rechtsfähigkeit der Gesellschaft weder erforderlich noch möglich (vgl § 2 FBG, der die eintragungsfähigen Rechtsträger definiert).

D. Die Regelung des Innenverhältnisses

I. Prinzip der Gestaltungsfreiheit

Wie bei der OG (§ 108 UGB; siehe oben Seite 20) stellt § 1181 klar, dass die gesetzlichen Regelungen für das Innenverhältnis (§§ 1181 bis 1196) dispositives Recht sind, sofern nicht ausdrücklich eine zwingende Bestimmung vorliegt. Der Gesellschaftsvertrag hat daher Vorrang vor jenen Normen, die die Rechtsverhältnisse der Gesellschafter untereinander regeln.

II. Mitwirkungs- und Interessenwahrungspflicht, Gleichbehandlungsgebot

§ 1186 gibt zwei allgemeine Grundsätze des allgemeinen Gesellschaftsrechts wieder, nämlich die Mitwirkungs- und Interessenwahrungspflicht einerseits und das Gleichbehandlungsgebot andererseits. § 1186 entspricht dem auf Seite 28 behandelten § 112 Abs 1 UGB, auf den hier verwiesen wird.

III. Die Beitragspflicht der Gesellschafter

Hinsichtlich der Beitragspflicht bestehen keine wesentlichen Unterschiede zur OG. Es werden daher hier nur die Grundzüge dargestellt; es wird empfohlen, sich die Ausführungen unter Punkt C.II. auf Seite 21 in Erinnerung zu rufen.

1. **Beitrag und Einlage:** Wie bei der OG ist zwischen Beiträgen im weiteren Sinn und der Einlage unterschieden. Ob und gegebenenfalls welche Einlagen zu leisten sind, richtet sich nach dem Gesellschaftsvertrag. Bar- und/oder Sacheinlagen sind möglich; bei Sacheinlagen kann eine Einbringung quoad dominium, quoad usum oder quoad sortem vereinbart werden (§ 1180 Abs 2).
2. **Kapitalbeteiligung:** Nach § 1182 Abs 2 Satz 1 bestimmt sich das Ausmaß der Beteiligung der Gesellschafter an der Gesellschaft nach dem Verhältnis des Wertes der vereinbarten Einlagen. Im Zweifel sind alle Gesellschafter gleich beteiligt. Dies bedeutet aber auch, dass im Zweifel alle Gesellschafter gleiche Einlagen zu leisten haben. Die Mitwirkung in der Form, dass die Gesellschafter ihre Kenntnisse und Fähigkeiten sowie ihre Arbeitskraft und Zeit der Gesellschaft zur Verfügung stellen, wird grundsätzlich nicht gesondert bewertet, weil § 1182 Abs 2 Satz 3 davon ausgeht, dass alle Gesellschafter im gleichen Ausmaß mitwirken. Leistet ein Gesellschafter keine Einlage, sondern wirkt er nur in der Gesellschaft mit, so ist er ein sog Arbeitsgesellschafter; mangels Einlagenleistung hat er keine Kapitalbeteiligung an der GesbR. § 1182 Abs 3 hält fest, dass einem solchen Gesellschafter im Gesellschaftsvertrag dennoch eine Beteiligungsquote zuerkannt werden kann.

3. **Nachschusspflicht:** Zu einer Erhöhung der Einlage können die Gesellschafter nicht gezwungen werden **(keine Nachschusspflicht)**, außer wenn sie sich bereits im **Gesellschaftsvertrag** zur Leistung von Nachschüssen verpflichtet hätten. Könnte allerdings ohne Erhöhung des Kapitals der Gesellschaftszweck nicht erreicht werden, so steht den Gesellschaftern die Möglichkeit offen, mit Stimmenmehrheit einen Erhöhungsbeschluss zu fassen. Gesellschafter, die sich dagegen aussprechen, können aus der Gesellschaft **austreten** bzw **ausgeschlossen** werden (§ 1184). Im Übrigen ist bezüglich der Nachschusspflicht auf die Ausführungen bei der OG zu verweisen (Seite 23 f).

IV. Das Gesellschaftsvermögen

1. **Gegenstand des Gesellschaftsvermögens:** Die von den Gesellschaftern geleisteten Einlagen bilden das ursprüngliche Gesellschaftsvermögen, das sich durch die ausgeübte Tätigkeit oder auf sonstige Weise vermehren, aber auch verringern kann. Nach § 1178 gehören zum Gesellschaftsvermögen nicht nur das der Gesellschaft gewidmete Eigentum, sondern auch die sonstigen gesellschaftsbezogenen Sachenrechte (zB die Büroausstattung, Maschinen), die gesellschaftsbezogenen Vertragsverhältnisse (zB Mietrechte), Forderungen und Verbindlichkeiten und die gesellschaftsbezogenen Immaterialgüterrechte (zB Lizenzrechte) sowie der jeweils daraus verschaffte Nutzen (zB Mieteinnahmen), die daraus gewonnenen Früchte (zB Naturalfrüchte wie Gartenerzeugnisse, Holz oder Zivilfrüchte wie zB Zinsen, Dividenden) und alles, was an Stelle bestehender Vermögenswerte (zB durch Verkauf von Sachen) zufließt.
2. **Sachenrechtliche Zuordnung des Gesellschaftsvermögens:** Da die Gesellschaft selbst nicht rechtsfähig ist, kann sie – anders als eine OG – auch nicht Träger des Gesellschaftsvermögens sein. Nach § 1180 stehen **körperliche Sachen** als Teil des Gesellschaftsvermögens im **Miteigentum der Gesellschafter**. **Unkörperliche Sachen**, wie zB Forderungen aus noch nicht erfüllten Rechtsgeschäften mit Dritten, stehen im **Gesamthandeigentum der Gesellschafter**. Über solche Forderungen können Gesellschafter nur gemeinsam verfügen. Forderungen einer GesbR können daher auch nicht von einem einzelnen Gesellschafter allein, sondern nur von der Gesamtheit aller Gesellschafter geltend gemacht werden. Die Gesellschafter können allerdings einen Mitgesellschafter zur Geltendmachung der Forderung – auch durch Einbringung einer Klage – ermächtigen. Umgekehrt leistet der Schuldner nur dann schuldbefreiend, wenn die Leistung allen Gesellschaftern insgesamt zukommt, sei es, dass etwa ein Geldbetrag auf ein gemeinsames Konto überwiesen, an einen Bevollmächtigten gezahlt oder der Betrag gerichtlich hinterlegt wird.

   Beispiel (in Anlehnung an OGH 7 Ob 701/77): Ein Schuldner einer ARGE im Bauwesen überweist auf das Konto eines Gesellschafters die gesamte Geldschuld. Über das Vermögen dieses Gesellschafters wird ein Konkursverfahren eröffnet. Weil der Betrag nicht allen Gesellschaftern der GesbR zugekommen ist, hat der Schuldner nicht schuldbefreiend geleistet und ist zur nochmaligen Zahlung verpflichtet.

   Anders ist die Rechtslage bei körperlichen Sachen, die bloß im Miteigentum nach ideellen Anteilen stehen. Ein Miteigentümer kann nach allgemeinen zivilrechtlichen Regeln grundsätzlich über seinen Miteigentumsanteil verfügen. Der **Miteigentumsanteil** am Gesellschaftsvermögen ist aber **schuldrechtlich** durch den Gesellschaftsvertrag **gebunden** (dh kein Gesellschafter darf ohne Zustimmung der Mitgesellschafter über seinen Miteigentumsanteil verfügen), sachenrechtlich kann über ihn (unter Verletzung des Gesellschaftsvertrages) verfügt werden.
3. **Gesellschaftsvermögen und Gesellschaftsanteil:** Die Beteiligung am Gesellschaftsvermögen ist nur ein Teilaspekt der Gesellschafterstellung. Der Gesellschafter hat eine Vielzahl von Rechten und Pflichten gegenüber allen übrigen Gesellschaftern. Dieses Bündel an Rechten und Pflichten des Gesellschafters in der Gesellschaft wird wie bei der OG als Gesellschaftsanteil bezeichnet

(§ 1182 Abs 1) und ist etwa mit einem GmbH-Geschäftsanteil vergleichbar. Aufgrund der gesellschaftsvertraglichen Bindung kann ein einzelner Gesellschafter ohne Zustimmung der übrigen nicht über seinen Gesellschaftsanteil verfügen und ihn an andere Personen abtreten.

4. **Gesellschaftsvermögen und Privatvermögen der Gesellschafter:** Als **Sondervermögen** ist das Gesellschaftsvermögen vom Privatvermögen der einzelnen Gesellschafter zu trennen (§ 1178 Abs 2). Ein Gläubiger eines Gesellschafters kann seine Ansprüche daher nur gegenüber dem betreffenden Gesellschafter, nicht aber gegenüber der Gesellschaft geltend machen. Folglich besteht auch keine Aufrechnungsmöglichkeit des Privatgläubigers mit einer Schuld gegenüber der Gesellschaft.

   Die Trennung zwischen Gesellschaftsvermögen und Privatvermögen kommt auch in § 1185 zum Ausdruck. Tätigt ein Gesellschafter in Angelegenheiten der Gesellschaft Aufwendungen aus seinem Privatvermögen (zB Hotelkosten bei einer Geschäftsreise), sind ihm diese aus dem Gesellschaftsvermögen und subsidiär von den Mitgesellschaftern anteilsmäßig zu ersetzen, allerdings nur unter der Voraussetzung, dass er diese Aufwendungen unter Wahrung der von ihm anzuwendenden Sorgfalt für erforderlich halten durfte. Maßgeblich ist also, ob ein sorgfältig prüfender Gesellschafter der Überzeugung sein durfte, dass der von ihm getätigte Aufwand erforderlich sei. Ersatzansprüche stehen dem Gesellschafter auch zu, wenn er unmittelbar durch seine Geschäftsführung oder aus Gefahren, die mit der Geschäftsführung untrennbar verbunden sind, Verluste in seinem Privatvermögen erleidet (zB sein Privat-Pkw wird bei einer Dienstreise beschädigt).

V. Gewinn- und Verlustverteilung

1. **Ermittlung des Gewinnes und Verlustes:** Voraussetzung für die Ermittlung des Gewinnes bzw Verlustes ist eine entsprechende Buchführung über die geschäftlichen Tätigkeiten. Auf die GesbR kommen die Buchführungsvorschriften des UGB (§§ 189 ff) nicht zur Anwendung. Überschreitet die GesbR nämlich die Schwellenwerte für die Buchführungspflicht, so ist die Gesellschaft gem § 8 Abs 3 UGB von den Gesellschaftern als OG oder KG zum Firmenbuch anzumelden und kann daher nicht mehr als GesbR weitergeführt werden.

   Die Gesellschafter können aber auch vor Überschreiten der Schwellenwerte auf freiwilliger Basis eine Buchführung nach den Vorschriften des UGB vorsehen, insbesondere die Erstellung einer Bilanz und Gewinn- und Verlustrechnung (G&V-Rechnung) gesellschaftsvertraglich vereinbaren. Ansonsten haben die geschäftsführenden Gesellschafter über das Gesellschaftsvermögen, insbesondere über die Einnahmen und Ausgaben jedenfalls Aufzeichnungen zu führen und soweit erforderlich ein Rechnungswesen einzurichten (§ 1189 Abs 3). Am Ende des Geschäftsjahres haben sie eine „Jahresabrechnung" zu erstellen, aus der sich der Gewinn oder Verlust des Geschäftsjahres ergibt (§ 1195 Abs 1).

2. **Gewinn- und Verlustverteilung:** Die Gewinn- und Verlustverteilung ist in § 1195 geregelt; diese Bestimmung entspricht §§ 120 und 121 UGB.

3. **Vertragliche Abweichungen:** Die Vorschriften über die Gewinn- und Verlustverteilung sind **dispositives** Recht. Die Gesellschafter können im Gesellschaftsvertrag beliebige Regelungen treffen. Es kann zB eine Gewinnverteilung nach Köpfen vereinbart werden; auch können bestimmte Gesellschafter von der Verlusttragung ausgeschlossen werden.

VI. Gewinnausschüttung und Entnahmen

Das Recht auf Gewinnausschüttung und Entnahmen der Gesellschafter ist in § 1196 geregelt. Diese Bestimmung entspricht § 122 UGB. Es kann daher auf die Ausführungen auf Seite 26 f verwiesen werden.

VII. Das Wettbewerbsverbot

§ 1187 Satz 1 verbietet dem Gesellschafter ein „der Gesellschaft schädliches Nebengeschäft zu unternehmen". Verboten sind demnach Geschäfte, die eine konkrete **Gefahr** der **Schädigung der Gesellschaft** befürchten lassen. Eine konkrete Wettbewerbssituation ist nicht erforderlich; ein Nebengeschäft eines Gesellschafters kann die Gesellschaft auch schädigen, wenn seine Arbeitskraft überfordert oder der Gesellschafter in eine schwierige Vermögenslage gebracht wird.

Für **unternehmerisch tätige Gesellschaften** gelten gem § 1187 Satz 2 darüber hinaus auch die Wettbewerbsverbote und die damit verbundenen Rechtsfolgen nach §§ 112 f UGB, wie sie oben auf Seite 28 f dargestellt wurden.

§ 1187 ist **dispositives Recht**; die Gesellschafter können das Wettbewerbsverbot ausdehnen oder einschränken. Im Gesellschaftsvertrag können auch die Rechtsfolgen bei Verstößen gegen das Wettbewerbsverbot festgelegt werden.

VIII. Geschäftsführung

1. **Begriff:** Der Begriff Geschäftsführung wurde bereits bei der OG auf Seite 29 f ausführlich erörtert. Es bestehen begrifflich keine Besonderheiten bei der GesbR.
2. **Gesetzliche Regelung:** Sofern im Gesellschaftsvertrag keine Regelungen über die Geschäftsführung getroffen wurden, gelten die §§ 1189 bis 1191. Diese Bestimmungen entsprechen in weiten Bereichen den §§ 114 bis 116 UGB:
   - Grundsätzlich sind alle Gesellschafter zur Geschäftsführung **berechtigt** und **verpflichtet** (§ 1189 Abs 1). Die Geschäftsführung ist grundsätzlich **persönlich auszuüben**; nach § 1189 Abs 4 darf kein Gesellschafter im Zweifel die Geschäftsführung einem Dritten übertragen.
   - Bei gewöhnlichen Geschäften besteht **Einzelgeschäftsführungsbefugnis** mit Widerspruchsrecht der anderen geschäftsführungsbefugten Gesellschafter (§ 1190 Abs 1). Wird ein Widerspruch erhoben, so muss die geplante Maßnahme unterbleiben.
   - Bei außergewöhnlichen Geschäften ist ein einstimmiger Beschluss aller Gesellschafter erforderlich (§ 1191 Abs 2)
   - Die Bestellung eines unbeschränkt Bevollmächtigten (§ 1008) erfordert die Zustimmung aller geschäftsführenden Gesellschafter (§ 1191 Abs 3). Diese Bestimmung entspricht § 116 Abs 3 UGB, der die Bestellung von Prokuristen zum Inhalt hat. Da die Bestellung von Prokuristen eingetragenen Unternehmern vorbehalten ist (§ 48 UGB), kann bei einer GesbR keine Prokura erteilt werden.
3. **Gesellschaftsvertragliche Regelung:** Die Bestimmungen über die Geschäftsführung sind **dispositiv**. Im Gesellschaftsvertrag können daher beliebige Vereinbarungen getroffen werden. So kann zB die Geschäftsführung einem oder mehreren Gesellschaftern anvertraut werden (§ 1189 Abs 1). Es kann auch von der Einzelgeschäftsführung abgewichen und Gesamtgeschäftsführung vereinbart werden. In diesem Fall bedarf jedes Geschäft der Zustimmung aller geschäftsführenden Gesellschafter außer bei Gefahr im Verzug (§ 1190 Abs 2).
4. **Entziehung und Kündigung der Geschäftsführung:** § 1193 übernimmt die Regelung des § 117 UGB. Es ist daher auf die dortigen Ausführungen (Seite 31) zu verweisen.

IX. Gesellschafterbeschlüsse

1. **Gegenstand der Beschlussfassung:** Entscheidungen der Gesellschafter sind nicht nur im Rahmen der Geschäftsführung, sondern auch in Angelegenheiten notwendig, die die Grundlagen der Gesellschaft betreffen.

> **Beispiele** für Grundlagenentscheidungen: Aufnahme neuer Gesellschafter; Nachschusspflicht; Änderung der Geschäftsführungs- und Vertretungsbefugnis; Änderung des Gewinn- und Verlustverteilungsschlüssels etc.

2. **Form der Beschlussfassung:** Eine bestimmte Form der Beschlussfassung ist im Gesetz nicht vorgesehen. Beschlüsse können mündlich, schriftlich oder auch konkludent gefasst werden; die Abhaltung einer förmlichen Gesellschafterversammlung ist nicht erforderlich.
3. **Beschlussmehrheiten und Stimmrecht:** § 1192 entspricht in weiten Zügen § 119 UGB (siehe Seite 32 f). Grundsätzlich sind Beschlüsse **einstimmig** zu fassen. Lässt der Gesellschaftsvertrag Mehrheitsbeschlüsse zu, entscheidet die Mehrheit der gültig abgegebenen Stimmen. Das Stimmgewicht entspricht den Beteiligungsverhältnissen. Sind allerdings nicht alle Gesellschafter am Kapital beteiligt, besteht das Kopfstimmrecht.

X. Kontrollrechte

§ 1194 regelt das Kontrollrecht bei der GesbR. Diese Bestimmung entspricht mit geringfügigen terminologischen Adaptierungen, die auf die Tatsache Bedacht nehmen, dass eine GesbR nicht nach dem UGB rechnungslegungspflichtig ist, dem § 118 UGB (siehe Seite 34 f).

E. Die Regelung des Außenverhältnisses

Der 3. Abschnitt des 27. Hauptstückes des ABGB, der mit „Rechtsverhältnisse zu Dritten" überschrieben ist (§§ 1197 bis 1200), ist nur für Außengesellschaften relevant. Innengesellschaften treten nach außen nicht in Erscheinung.

I. Vertretung

1. **Gesetzliche Regelung:** § 1197 legt den Grundsatz fest, dass sich die Befugnis zur Vertretung der Gesellschaft mit der Befugnis zur Geschäftsführung deckt. Da nach § 1189 jeder Gesellschafter einzelgeschäftsführungsbefugt ist, kann auch jeder einzelne Gesellschafter die GesbR vertreten. Da die GesbR nicht rechtsfähig ist, wird genau genommen auch nicht die GesbR vertreten; der handelnde Gesellschafter vertritt alle übrigen Gesellschafter in ihrer gesellschaftlichen Verbundenheit und berechtigt und verpflichtet sie durch sein Handeln.
2. **Vertragliche Regelung:** Wie dem ersten Halbsatz des § 1197 Abs 1 entnommen werden kann, ist die gesetzliche Vertretungsregelung nicht zwingend. Der Gesellschaftsvertrag kann auch eine andere Regelung vorsehen und beispielsweise Gesellschafter gänzlich von der Vertretung ausschließen oder Gesamtvertretung vorsehen. Denkbar wäre beispielsweise auch, dass manche Gesellschafter Einzelvertretungsbefugnis haben, andere dagegen Gesamtvertretungsbefugnis.
3. **Entziehung der Vertretungsbefugnis:** § 1198 regelt die Entziehung der Vertretungsbefugnis. Diese Bestimmung entspricht dem § 127 UGB, sodass auf die obigen Ausführungen (siehe Seite 37) verwiesen werden kann.
4. **Schutz des Dritten:** Für den Vertragspartner ist es faktisch unmöglich zu erkennen, ob ein im Namen einer GesbR Handelnder auch tatsächlich Vertretungsmacht besitzt. Anders als bei rechtsfähi-

gen Gesellschaften kann er nicht durch Einsicht in das Firmenbuch prüfen, ob die betreffende Person tatsächlich die GesbR und damit ihre Gesellschafter berechtigen und verpflichten kann.

Zum Schutz redlicher Dritter bestimmt § 1197 Abs 2, dass **alle Gesellschafter** berechtigt und verpflichtet werden, wenn bei einer **unternehmerisch** tätigen Außengesellschaft in deren Namen (§ 1177) gehandelt wird. Dies gilt insbesondere auch dann, wenn die handelnde Person keine Vertretungsbefugnis hat bzw diese überschreitet. Der Dritte ist allerdings nur schutzwürdig, wenn er den Vertretungsmangel weder kannte noch kennen musste. § 1197 Abs 2 Satz 2 erstreckt den Schutz auch auf nicht unternehmerische Außengesellschaften, wenn sich die Gesellschafter als Unternehmer an der GesbR beteiligen. Nach den EB soll Satz 2 in jenen Fällen zur Anwendung kommen, in denen eine GesbR nicht als unternehmerisch zu qualifizieren ist (weil sie wie etwa eine ARGE im Bauwesen nicht „auf Dauer" angelegt ist und daher die Voraussetzungen des § 1 Abs 2 UGB nicht erfüllt), aber alle ihre Gesellschafter (außerhalb ihrer Tätigkeit in der GesbR) Unternehmer sind.

§ 1197 Abs 4 berücksichtigt den Fall, dass jemand, der nicht Gesellschafter ist, die GesbR und damit die Gesellschafter vertreten darf. Für diese Personen gelten die allgemeinen Regeln der Stellvertretung (§§ 1002 ff). Die Vertretungsmacht dieser Personen hängt vom Umfang der erteilten Vollmacht ab (siehe § 1007).

II. Haftung

1. **Gesamtschuldnerische Haftung:** § 1199 Abs 1 geht von dem bei der Vertretung besprochenen Grundsatz aus, dass Rechtsgeschäfte, die für die GesbR geschlossen werden, alle Gesellschafter berechtigen und verpflichten. Verständlicherweise haften daher auch alle Gesellschafter gegenüber Dritten für gesellschaftsbezogene Verbindlichkeiten als **Gesamtschuldner**. Eine Ausnahme von der solidarischen Haftung besteht nur für den Fall, dass mit dem Dritten etwas anderes wie etwa eine anteilsmäßige Haftung (im Verhältnis der Beteiligung, § 896) vereinbart wurde.
2. **Haftung des handelnden Gesellschafters:** § 1199 Abs 2 hält fest, dass bei Rechtsgeschäften, die ein Gesellschafter im eigenen Namen, aber auf Rechnung der Gesellschaft abschließt, der Gesellschafter allein dem Dritten gegenüber berechtigt und verpflichtet wird. Diese Vorschrift betrifft in erster Linie **Innengesellschaften**. Da der Gesellschafter aber auf Rechnung der Gesellschaft tätig wird, richtet sich die Haftung im Innenverhältnis nach § 896, der eine anteilsmäßige Haftung vorsieht. § 1196 Abs 2 kommt aber auch dann zur Anwendung, wenn bei einer **Außengesellschaft** ein Gesellschafter ausnahmsweise im eigenen Namen agiert, das Rechtsgeschäft im Innenverhältnis aber für die Gesellschaft abgeschlossen wird.
3. **Einwendungen des Gesellschafters:** Wie § 129 UGB lässt § 1200 auch Einwendungen des Gesellschafters zu, wenn er wegen einer gesellschaftsbezogenen Verbindlichkeit von einem Gläubiger in Anspruch genommen wird:
   - Der Gesellschafter kann zunächst all jene Einwendungen entgegenhalten, die in seiner Person begründet sind (zB Haftungsfreistellung durch den Gläubiger; eine ihm zugesagte Stundung);
   - Der Gesellschafter kann jene Einwendungen entgegenhalten, die von den Gesellschaftern gemeinsam erhoben werden können (zB keine ordnungsgemäße Leistung des Gläubigers; Stundung);
   - Der Gesellschafter kann die Befriedigung des Gläubigers verweigern, wenn die Gesellschafter gemeinsam das Recht haben, das der Verbindlichkeit zugrunde liegende Rechtsgeschäft anzufechten oder mit einer fälligen Forderung aufzurechnen.

F. Gesellschafterwechsel

I. Grundsätzliche Unübertragbarkeit des Gesellschaftsanteils

Nach § 1182 Abs 1 Satz 2 kann ein Gesellschafter ohne Zustimmung aller Gesellschafter nicht über seinen Gesellschaftsanteil verfügen. Da der Gesellschaftsanteil als Zusammenfassung aller Rechte und Pflichten zu qualifizieren ist, ist eine Übertragung des Anteils zivilrechtlich eine Vertragsübernahme, die der Zustimmung aller Vertragspartner und daher auch aller Mitgesellschafter bedarf. Außerdem ist zu berücksichtigen, dass eine Verfügung über den Geschäftsanteil auch eine Gesellschaftsvertragsänderung ist, die ebenfalls grundsätzlich der Zustimmung aller Gesellschafter bedarf. Eine Genehmigung zur Verfügung über den Geschäftsanteil könnte bereits vorweg auch im Gesellschaftsvertrag erteilt werden.

II. Zustimmung zur Verfügung und damit verbundene Rechtsfolgen

Stimmen die Gesellschafter im Einzelfall oder vorweg im Gesellschaftsvertrag einer Verfügung über den Anteil zu, so stellt sich die Frage nach dem rechtlichen Schicksal der Rechtsbeziehungen zu den übrigen Gesellschaftern einerseits und den Gesellschaftsgläubigern andererseits. Diese Fragen werden in § 1201 behandelt.

1. **Gesellschafternachfolge**: Unter diesem Begriff behandelt § 1201 drei unterschiedliche Fälle:
   - Eintritt eines neuen Gesellschafters in eine GesbR
   - Ausscheiden eines Gesellschafters aus einer GesbR
   - Übertragung des Gesellschaftsanteiles des bisherigen Gesellschafters an eine andere Person (Gesellschafterwechsel) durch ein Rechtsgeschäft unter Lebenden.
2. **Rechtsbeziehungen unter den Gesellschaftern**: § 1201 Abs 1 legt die Rechtsfolgen einer Gesellschafternachfolge hinsichtlich der gesellschaftsrechtlichen Beziehungen fest. Sie betreffen insbesondere Fragen des Miteigentumsanteils am Gesellschaftsvermögen und der schuldrechtlichen Beziehungen. Ein wesentliches Ziel dieser Bestimmung ist es, die Übertragung dieses Bündels von sachen- und schuldrechtlichen Beziehungen so weit wie möglich zu vereinfachen. Solche Fragen stellen sich etwa auch bei der Unternehmensveräußerung. § 1201 Abs 1 weist daher starke Parallelen zu § 38 UGB auf.
   a) Grundsätzlich erfolgt zum Zeitpunkt des Eintritts oder Ausscheidens eines Gesellschafters sowie zum Zeitpunkt des Gesellschafterwechsels ein Übergang der **gesellschaftsbezogenen, nicht höchstpersönlichen Rechtsverhältnisse** im Verhältnis der Beteiligung
      - von den bisherigen Gesellschaftern auf den eintretenden Gesellschafter;
      - vom ausscheidenden Gesellschafter auf die verbleibenden Mitgesellschafter;
      - vom ausscheidenden auf den eintretenden Gesellschafter (beim Gesellschafterwechsel).

      Die Beschränkung auf „**gesellschaftsbezogene Rechtsverhältnisse**" dient der Abgrenzung zu Rechtsverhältnissen, die privater Natur sind bzw mit der Mitgliedschaft an der GesbR in keinem Zusammenhang stehen. Höchstpersönliche Rechtsverhältnisse haben zwar einen Gesellschaftsbezug, werden aber deshalb nicht übertragen, weil sie gleichsam „an der Person kleben". Zu denken ist etwa an die Geschäftsführungsbefugnis, die dem ausscheidenden Gesellschafter aufgrund seiner fachlichen Qualifikation eingeräumt wurde. Auch öffentlich rechtliche Rechtsbeziehungen, wie zB die Gewerbeberechtigung, gehen nicht auf den Rechtsnachfolger über.

   b) Aufgrund dieses angeordneten automatischen Übergangs der Rechtsverhältnisse sind **einzelne Verfügungsgeschäfte** (Modus) **nicht** mehr **erforderlich**. Nach § 1201 Abs 2 gilt bei Sachen des Gesellschaftsvermögens, die im Miteigentum der Gesellschafter stehen, die Übergabe als vollzogen, sobald der Eintritt, Austritt oder der Gesellschafterwechsel wirksam geworden ist. Nach den EB ist dies der Fall, wenn das Grundgeschäft (zB der Kaufvertrag über den Gesellschaftsanteil) wirksam abgeschlossen wurde. Denkbar wäre auch, dass die Parteien einen Übergangsstichtag festlegen, an dem das wirtschaftliche Eigentum am Gesellschaftsanteil übergehen soll.

c) Eine **Ausnahme** vom Grundsatz, dass eigene Verfügungsgeschäfte nicht mehr erforderlich sind, besteht nach § 1201 Abs 2 Satz 2 bei bücherlichen Rechten. Gehören daher beispielsweise Liegenschaften zum Gesellschaftsvermögen, geht das Miteigentum an diesen Liegenschaften erst mit der entsprechenden Eintragung im Grundbuch über.

d) § 1201 Abs 1 ist **dispositives Recht**. Die Gesellschafter können daher auch etwas anderes bezüglich des Übergangs der gesellschaftsbezogenen, nicht höchstpersönlichen Rechtsverhältnisse vereinbaren.

3. **Rechtsbeziehungen zu Dritten**: Wegen der fehlenden Rechtspersönlichkeit der GesbR bestehen Rechtsverhältnisse mit Dritten nicht mit der Gesellschaft als solche, sondern mit den Gesellschaftern. Deswegen hat eine Gesellschafternachfolge auch Konsequenzen für Dritte. § 1201 Abs 3 und 4 berücksichtigen die Rechtsposition des Dritten.

a) Vollzieht sich die Gesellschafternachfolge nicht in einem gesetzlich angeordneten Fall der Gesamtrechtsnachfolge, wäre bei einem Übergang von Rechtsverhältnissen mit einem Dritten dessen Zustimmung erforderlich, da es sich um einen Fall der Vertragsübernahme im Wege der Einzelrechtsnachfolge handelt. Bei einer Änderung im Gesellschafterbestand besteht aber ein Bedürfnis nach einer praktikablen und einfachen Abwicklung. Wie bei § 38 UGB ist jeder Dritte, mit dem ein Vertragsverhältnis besteht, nachweislich zu verständigen, ob das Vertragsverhältnis vom Erwerber des Gesellschaftsanteils übernommen wurde. Im Regelfall wird der Erwerber des Gesellschaftsanteils in die Vertragsverhältnisse eintreten. Der Dritte kann der Übernahme seines Vertragsverhältnisses binnen 3 Monaten nach Verständigung (die durch einen Gesellschafter zu erfolgen hat) der Übernahme widersprechen. Der Widerspruch kann alternativ gegenüber dem ausscheidenden, dem eintretenden oder einem anderen vom Vertragsverhältnis erfassten Gesellschafter erfolgen.

b) Wird wirksam widersprochen, besteht das Vertragsverhältnis mit dem ausgeschiedenen Gesellschafter fort. Ist die Frist für den Widerspruch noch offen oder wurde der Dritte überhaupt nicht vom Übergang verständigt, so kann er gem § 1201 Abs 4 auf das Vertragsverhältnis bezogene Erklärungen und Erfüllungshandlungen wie bisher vornehmen; vom Dritten gegenüber dem ausgeschiedenen Gesellschafter vorgenommene Erklärungen (zB Kündigung) oder Erfüllungshandlungen wären daher wirksam. Der Dritte kann aber auch solche Erklärungen und Erfüllungshandlungen gegenüber dem nachfolgenden Gesellschafter vornehmen.

4. **Haftung des eintretenden und des ausscheidenden Gesellschafters:** § 1202 regelt die wichtige Frage der Haftung.

a) Tritt ein **neuer Gesellschafter** in die GesbR ein, so haftet er für gesellschaftsbezogene Verbindlichkeiten, die vor seinem Eintritt begründet wurden, nur dann, wenn er dem Rechtsverhältnis (aus dem die Verbindlichkeit resultiert) beigetreten ist. Tritt er dagegen einem solchen Rechtsverhältnis nicht bei, besteht auch keine Haftung für diese sog „Altverbindlichkeiten". Der Beitritt zur GesbR begründet also – im Unterschied zur OG (§ 130 UGB) – keine Haftung für Altschulden.

b) **Scheidet** ein **Gesellschafter** aus der GesbR **aus**, so haftet er für gesellschaftsbezogene Verbindlichkeiten, die vor seinem Ausscheiden aus der Gesellschaft begründet wurden, gegenüber Dritten auch dann weiter, wenn er aus dem Rechtsverhältnis ausgeschieden ist. Da der Ausscheidende zum Zeitpunkt der Begründung des Rechtsverhältnisses der GesbR angehört hat, soll er sich durch ein Ausscheiden der Haftung nicht entziehen können. Wie bei der OG (§ 160 UGB) sieht auch § 1202 Abs 2 eine **Nachhaftungsbegrenzung** vor; der Ausscheidende haftet für Verbindlichkeiten nur, soweit sie innerhalb von 5 Jahren nach seinem Ausscheiden fällig werden. Solche Ansprüche verjähren innerhalb von drei Jahren.

5. **Auseinandersetzung mit dem ausscheidenden Gesellschafter**: Scheidet ein Gesellschafter aus der GesbR aus, sind vor allem die vermögensrechtlichen Beziehungen zu lösen. Diese sog „Auseinandersetzung" ist in §§ 1203 und 1204 geregelt. Diese beiden Bestimmungen entsprechen §§ 137 und 138 UGB, sodass auf die Ausführungen oben unter Punkt E. II. 3. auf Seite 45 ff verwiesen werden kann.

III. Gesellschafternachfolge im Erbweg

Nach § 1208 Z 5 wird die GesbR durch den **Tod** eines Gesellschafters **aufgelöst**, sofern der Gesellschaftsvertrag nichts anderes vorsieht. Der Gesellschaftsvertrag kann aber bestimmen, dass im Fall des Todes eines Gesellschafters die Gesellschaft mit den **Erben fortgesetzt** wird. Der Erbe wäre als Gesellschafter für Verbindlichkeiten der GesbR unbeschränkt haftbar, auch wenn er eine unbedingte Erbantrittserklärung abgegeben hätte. § 1205 eröffnet dem Erben die Möglichkeit, sich der unbeschränkten Haftung zu entziehen, indem er sein Verbleiben in der Gesellschaft davon abhängig macht, dass ihm die Stellung eines Kommanditisten eingeräumt wird. In diesem Fall müsste die GesbR in eine KG umgewandelt werden (§ 1206; siehe sogleich im nachfolgenden Punkt). Stimmen die übrigen Gesellschafter einer solchen Umwandlung nicht zu, kann der Erbe seinen Austritt aus der GesbR erklären. § 1205 entspricht § 139 UGB; für Details darf auf Punkt E. IV. 2. auf Seite 48 f verwiesen werden.

G. Umwandlung der GesbR

Vorbemerkungen:

In den §§ 1206, 1207 wird die Umwandlung einer GesbR in eine OG oder KG behandelt. Vor dem GesbR-RG gab es keine gesetzliche Regelung für diesen Rechtsvorgang. § 8 Abs 3 UGB, der die Umwandlung einer GesbR in eine OG oder KG bei Überschreiten der Schwellenwerte für die Rechnungslegung vorsieht, hat den praktischen Bedarf für eine gesetzliche Regelung aufgezeigt. Der soeben besprochene § 1205 hat einen weiteren Anwendungsfall für die Umwandlung gebracht. In der Literatur wurde breit diskutiert, auf welche Art und Weise eine GesbR in eine OG oder KG umgewandelt werden könnte. Im Vordergrund stand dabei die Frage, ob eine Umwandlung im Wege der Gesamtrechtsnachfolge möglich wäre. Der Gesetzgeber hat diese Rechtsunsicherheit nun beseitigt.

I. Voraussetzungen für eine Umwandlung

Nach § 1206 Abs 1 erfordert die Umwandlung zunächst einen **einstimmigen Gesellschafterbeschluss**. In diesem ist auch festzulegen, ob die GesbR in eine OG oder eine KG umgewandelt werden soll. Ebenso haben die Gesellschafter Einigung über jene Punkte zu erzielen, die erforderliche Merkmale der neuen Gesellschaft sind. Wird die Umwandlung in eine KG beschlossen, müssen die Gesellschafter zB festlegen, wer von ihnen Komplementär und wer Kommanditist sein soll. Für Kommanditisten wäre auch die Haftsumme festzulegen. Die geschäftsführenden Gesellschafter haben überdies ein Verzeichnis des Gesellschaftsvermögens aufzustellen, um klarzustellen, welches Vermögen auf die neu gegründete Gesellschaft übertragen werden soll. Was in diesem Vermögensverzeichnis nicht angeführt ist, verbleibt nämlich den Gesellschaftern (§ 1206 Abs 3).

II. Umwandlung mit Wirkungen einer Gesamtrechtsnachfolge

§ 1206 Abs 1 bestimmt, dass das der Gesellschaft gewidmete Vermögen einschließlich aller Rechte und Pflichten mit der Eintragung der OG oder der KG im Firmenbuch im Wege der **Gesamtrechtsnachfolge** auf diese Gesellschaft übergeht. Eine Ausnahme bilden auch hier bücherliche Rechte (zB Eigentum an einer Liegenschaft); diese Rechte sind nach den dafür geltenden Vorschriften zu übertragen.

Genau genommen handelt es sich bei der Umwandlung nicht um eine typische Gesamtrechtsnachfolge, bei der der bisherige Rechtsträger durch Tod oder einen gesellschaftsrechtlichen Umstrukturierungsvorgang untergeht. Die Gesellschafter als Rechtsträger der GesbR bleiben nach der Umwandlung bestehen. Es geht auch nicht ihr gesamtes Vermögen auf die neu gegründete eingetragene Personengesellschaft über, sondern nur jenes Vermögen, das im Vermögensverzeichnis angeführt ist. Es handelt sich daher nur um eine sog **partielle Gesamtrechtsnachfolge**.

III. Wirkungen gegenüber Dritten

Eine Umwandlung darf zu keiner Schlechterstellung der Gläubiger führen. § 1207 Abs 1 bestimmt daher, dass die ehemaligen Gesellschafter der GesbR für die vor der Umwandlung begründeten Verbindlichkeiten wie bisher weiterhaften, als ob die GesbR noch bestünde. Dies betrifft auch jene GesbR-Gesellschafter, die bei Umwandlung in eine KG die Position eines Kommanditisten einnehmen. Eine zeitliche Beschränkung der Haftung für die GesbR-Verbindlichkeiten ist im Gesetz nicht vorgesehen (vgl dagegen § 160 Abs 4 UGB!).

§ 1207 Abs 2 bietet einen weiteren **Schutz für Dritte**. Auch wenn die OG oder die KG ins Firmenbuch eingetragen werden muss, geht aus diesem nicht hervor, dass die Eintragung auf der Umwandlung einer GesbR beruht. Solange daher ein Dritter von der Umwandlung nicht verständigt wurde und sie ihm auch sonst nicht bekannt geworden ist, kann er Leistungen mit schuldbefreiender Wirkung erbringen, als würde die GesbR noch bestehen.

H. Auflösung der GesbR

I. Auflösungsgründe

§ 1208 enthält eine Reihe von Auflösungsgründen. Diese Bestimmung orientiert sich an § 131 UGB, allerdings mit dem Unterschied, dass der Auflösungsgrund der Eröffnung des Konkursverfahrens über das Vermögen der GesbR oder der rechtskräftigen Nichteröffnung oder Aufhebung des Insolvenzverfahrens mangels kostendeckenden Vermögens im § 1208 nicht aufscheint. Dies ist damit zu erklären, dass die GesbR nicht rechtsfähig ist und daher auch nicht insolvent werden kann. Die Aufzählung in § 1208 ist nicht abschließend. Auflösungsgründe können sich auch aus allgemeinen Vorschriften (zB Ausscheiden des vorletzten Gesellschafters) ergeben bzw im Gesellschaftsvertrag vereinbart werden. Als gesetzliche Auflösungsgründe kommen in Betracht:

- Zeitablauf bei befristetem Gesellschaftsvertrag
- Gesellschafterbeschluss
- rechtskräftige Eröffnung des Konkursverfahrens über das Vermögen eines Gesellschafters, durch die Abänderung der Bezeichnung Sanierungsverfahren in Konkursverfahren oder durch die rechtskräftige Nichteröffnung oder Aufhebung des Insolvenzverfahrens mangels kostendeckenden Vermögens
- Kündigung oder gerichtliche Entscheidung
- Tod eines Gesellschafters

Die Auflösung einer Außengesellschaft bedarf einer entsprechenden Publizitätswirkung, die bei einer OG oder KG durch die Eintragung der Auflösung im Firmenbuch erzielt wird. Da die GesbR nicht rechtsfähig und daher auch nicht im Firmenbuch eingetragen ist, bedarf es einer anderen Form der **Publizität**. Die Auflösung ist, soweit möglich, den Vertragspartnern, Gläubigern und Schuldnern mitzuteilen sowie auf verkehrsübliche Weise bekannt zu machen (§ 1216).

II. Besonderheiten der Kündigung

Wie bei der OG finden sich nunmehr auch bei der GesbR mehrere Kündigungsmöglichkeiten. Diese werden hier nur kurz beschrieben. Zur Vertiefung wird auf Punkt F. I. auf Seite 52 f verwiesen:

- **Ordentliche Kündigung** (§ 1209): Diese Bestimmung entspricht § 132 UGB. Jeder Gesellschafter kann die Gesellschaft unter Einhaltung einer Frist von mindestens 6 Monaten zum Ende eines Geschäftsjahres kündigen.
- **Außerordentliche Kündigung** (§ 1210): Diese Bestimmung entspricht § 133 UGB. Liegt ein wichtiger Grund vor, kann ein Gesellschafter auf Auflösung der Gesellschaft klagen. Liegt der wichtige Grund in der Person eines Gesellschafters, so kann das Gericht aufgrund einer Klage aller übrigen Gesellschafter anstatt der Auflösung der Gesellschaft den Ausschluss des betreffenden Gesellschafters aus der Gesellschaft aussprechen. Diese im § 1213 normierte Ausschlussmöglichkeit entspricht § 140 UGB.
- **Kündigung durch einen Privatgläubiger** (§ 1212): Diese Bestimmung entspricht § 135 UGB und räumt dem Privatgläubiger eines Gesellschafters das Recht ein, die GesbR zu kündigen, um in weiterer Folge auf den Abfindungsanspruch des Gesellschafters greifen zu können.

III. Fortsetzungsbeschluss nach Auflösung der Gesellschaft

Tritt ein Auflösungsgrund ein, so bedeutet dies noch nicht zwingend, dass die Gesellschaft auch liquidiert werden muss. § 1214, der im Wesentlichen § 141 UGB übernimmt, sieht die Möglichkeit vor, dass die Gesellschafter einen Fortsetzungsbeschluss fassen. Es darf auf die Ausführungen zur OG unter dem Punkt F. II. auf Seite 53 f verwiesen werden.

I. Liquidation der Gesellschaft

Bis zum GesbR-RG gab es für die GesbR keine Form der Liquidation, die mit jener bei der OG vergleichbar gewesen wäre. Durch die Auflösung wandelte sich die GesbR in eine **schlichte Rechtsgemeinschaft** nach §§ 825 ff ABGB. Diese Rechtsgemeinschaft wurde durch Teilung des vorhandenen gemeinschaftlichen Vermögens nach den Regeln über die Aufteilung von Miteigentum beendet. Nunmehr sehen die §§ 1216a bis 1216e Liquidationsbestimmungen vor, die sich im Wesentlichen an den Bestimmungen über die Liquidation bei der OG (§§ 145 bis 158 UGB) orientieren. Daher werden hier nur die Grundzüge und Besonderheiten dargestellt und im Übrigen auf den Punkt F. III. (Seite 54 f) im Abschnitt über die OG verwiesen.

I. Nachwirkung des Gesellschaftsvertrages

Wie bei der OG führt auch bei der GesbR der Eintritt eines Auflösungsgrundes nicht sofort zum Erlöschen der Gesellschaft. Insbesondere ändert sich durch die Auflösung die Rechtsnatur der Gesellschaft nicht; sie bleibt bis zur Beendigung der Liquidation bestehen. § 1216a Abs 1 berücksichtigt die fehlende Rechtsfähigkeit der GesbR und ordnet daher

- den **Fortbestand des Gesellschaftsvertrages** und damit der gesellschaftsvertraglichen Rechte und Pflichten der Gesellschafter zueinander an. Der Gesellschaftsvertrag wirkt insoweit fort, als dies für die Liquidation erforderlich ist;
- den **Fortbestand der gesellschaftsbezogenen Rechtsbeziehungen zu Dritten** an. Diese werden durch die Auflösung und Liquidation der Gesellschaft nicht tangiert, außer wenn mit dem Dritten etwas anderes vereinbart wurde.

II. Bestellung von Liquidatoren

Wie bei der OG sind auch bei der GesbR grundsätzlich die Gesellschafter als Liquidatoren für die Abwicklung des Gesellschaftsvermögens verantwortlich. § 1216b Abs 1 ist aber nur dispositives Recht; die Gesellschafter können im Gesellschaftsvertrag auch etwas anderes vereinbaren. In Anlehnung an § 146 Abs 2 UGB sieht auch § 1216b die Möglichkeit der gerichtlichen Bestellung von Liquidatoren vor; das Gericht kann auch Nichtgesellschafter zu Liquidatoren bestellen. Zuständig ist jenes Gericht, in dessen Sprengel einer der Gesellschafter seinen Wohnsitz oder Sitz hat. Da es sich um eine außerstreitige Angelegenheit handelt, fällt die Bestellung in die Kompetenz der Bezirksgerichte (§ 104a JN).

Liquidatoren können auch **abberufen** werden; hierzu bedarf es eines einstimmigen Beschlusses der Beteiligten (§ 1216b Abs 3). Auf Antrag eines Beteiligten kann die Abberufung bei Vorliegen eines wichtigen Grundes auch – wie bei der OG (§ 147 UGB) – durch das Gericht erfolgen.

Bei einer OG ist die Bestellung von Liquidatoren zum Firmenbuch anzumelden (§ 148 UGB). § 1216b Abs 4 ersetzt die mangelnde Firmenbuchpublizität bei der GesbR durch die Verpflichtung der Gesellschafter, nicht nur die Auflösung der Gesellschaft (§ 1216), sondern auch die Liquidation und die Liquidatoren soweit möglich den Vertragspartnern, Gläubigern und Schuldnern mitzuteilen sowie auf verkehrsübliche Weise bekannt zu machen.

III. Rechte und Pflichten der Liquidatoren

§ 1216c regelt die Rechte und Pflichten der Liquidatoren. Diese Bestimmung entspricht inhaltlich dem § 149 UGB (siehe oben Seite 56). Hauptaufgabe der Liquidatoren ist die bestmögliche **Verwertung des Gesellschaftsvermögens** und die **Befriedigung der Gläubiger**.

Im Rahmen ihrer Tätigkeit vertreten die Liquidatoren die Gesellschafter als **Gesamtvertreter**, sofern die Gesellschafter nicht einvernehmlich etwas anderes vereinbaren. Zur Entgegennahme von gesellschaftsbezogenen Willenserklärungen ist auch bei Gesamtvertretung jeder einzelne Liquidator alleine befugt (passive Vertretungsbefugnis). Ebenso hindert die angeordnete Gesamtvertretung nicht, dass die Liquidatoren einzelne von ihnen zur Vornahme bestimmter Geschäfte oder bestimmter Arten von Geschäften ermächtigen können (§ 1216d).

IV. Schlussverteilung und Ausgleich unter den Gesellschaftern

Das nach Tilgung aller Verbindlichkeiten verbleibende Gesellschaftsvermögen ist nach dem Verhältnis der Beteiligung unter den Gesellschaftern zu verteilen. Dabei sind allfällige Guthaben und Verbindlichkeiten aus dem Gesellschaftsverhältnis entsprechend zu berücksichtigen. Hat ein Gesellschafter ein Guthaben (zB weil er Gewinne nicht entnommen hat) und reicht das Gesellschaftsvermögen zur Deckung dieses Guthabens nicht aus, so sind die übrigen Gesellschafter ihm gegenüber verpflichtet, für diesen Betrag im Verhältnis ihrer Verbindlichkeiten aus dem Gesellschaftsverhältnis aufzukommen. § 1216e entspricht dem § 149 UGB, sodass auf die Ausführungen auf Seite 56 verwiesen werden kann.

V. Unterbleiben der Liquidation

In Anlehnung an § 145 Abs 2 UGB können nach § 1216a die Gesellschafter anstelle der Liquidation auch eine **andere Art der Auseinandersetzung** wie zB die Übernahme des gesamten Vermögens durch einen Gesellschafter oder die Einbringung in eine andere Gesellschaft vereinbaren. Wurde die Gesellschaft durch Kündigung eines Privatgläubigers (§ 1212) oder durch die Eröffnung eines Konkursverfahrens über das Vermögen eines Gesellschafters aufgelöst, so kann die Liquidation nur mit Zustimmung des Gläubigers oder des Masseverwalters unterbleiben.

Die Liquidation der Gesellschaft unterbleibt schließlich auch, wenn nach Ausscheiden eines Gesellschafters oder mehrerer Gesellschafter nur mehr ein Gesellschafter übrig bleibt. Dann erlischt die Gesellschaft ohne Liquidation. Wie im Fall des § 142 UGB geht auch nach § 1215 das Gesellschaftsvermögen im Wege der Gesamtrechtsnachfolge auf den verbleibenden Gesellschafter über. Im Gegensatz zu § 142 UGB bedarf es allerdings zur Übertragung von bücherlichen Rechten – wie schon in § 1201 Abs 2 und § 1206 Abs 1 angeordnet – der Einhaltung der jeweils geltenden Vorschriften (zB Grundbuchseintragung bei Liegenschaften).

FÜNFTER ABSCHNITT
DIE STILLE GESELLSCHAFT

Achtung: Paragraphen ohne Gesetzesangabe beziehen sich auf das UGB!

A. Begriff, Rechtsnatur und Rechtsquellen

I. Begriff

1. Eine stille Gesellschaft (stG) liegt vor, wenn sich jemand an einem Unternehmen oder Vermögen eines anderen mit einer Vermögenseinlage beteiligt (vgl § 179). Der Stille muss eine Vermögenseinlage so leisten, dass sie in das Vermögen des anderen übergeht; im Gegenzug ist der stille Gesellschafter zwingend am Gewinn beteiligt. **Begriffsmerkmale** der stG sind somit:
   - Zwischen dem Träger des Unternehmens oder des Vermögens und dem stillen Gesellschafter wird ein **Gesellschaftsvertrag** geschlossen;
   - Der stille Gesellschafter **beteiligt** sich an dem Unternehmen oder dem Vermögen mit einer **Einlage**;
   - Der Stille muss am **Gewinn beteiligt** sein.
2. **Typische – atypische stG:** Diese Unterscheidung entstammt primär dem Steuerrecht; das UGB kennt diese Differenzierung nicht. Mittlerweile ist die atypisch stG aber auch im Gesellschaftsrecht als Rechtsbegriff etabliert. Von einer atypischen stG spricht man, wenn – abweichend vom gesetzlichen Leitbild – der Stille nicht nur am wirtschaftlichen Ergebnis, sondern auch am **Vermögenszuwachs beteiligt** und/oder **geschäftsführungsbefugt** ist.

II. Rechtsnatur

1. **Innengesellschaft:** Wie bereits der Bezeichnung zu entnehmen, ist die stG eine reine Innengesellschaft. Eine Eintragung der stG ins Firmenbuch ist nicht möglich (vgl § 2 FBG). Nach außen tritt die stG nicht in Erscheinung, sieht man davon ab, dass im Jahresabschluss des Unternehmers (sofern dieser eine mittelgroße oder große Kapitalgesellschaft [iSd § 221 Abs 2 und 3] oder eine mittelgroße oder große verdeckte Kapitalgesellschaft [iSd § 221 Abs 5] ist) die Einlagen stiller Gesellschafter offengelegt werden müssen (§ 238 Z 16). Allerdings ist nur die Höhe der Einlage ersichtlich, nicht aber die Person des Stillen.
2. **Personengesellschaft:** Die stG zählt im Sinne der üblichen Unterscheidung zu den Personengesellschaften.
3. **Mangelnde Rechtsfähigkeit:** Die stG ist nicht rechtsfähig. Sie kann weder Rechte erwerben, noch Verbindlichkeiten eingehen; sie ist auch nicht insolvenzfähig. Gegenüber Dritten agiert nur der Rechtsträger des Unternehmens oder des Vermögens; nur er wird aus den Geschäften, die im Betrieb des Unternehmens geschlossenen werden oder das Vermögen betreffen, berechtigt und verpflichtet (§ 179 Abs 2).
4. **Gesellschaftsvermögen:** Die stG selbst hat mangels Rechtsfähigkeit auch **kein eigenes Gesellschaftsvermögen.** Die Einlage des Stillen geht in das Vermögen des anderen über. Die vom Stillen geleistete Einlage und das Unternehmen bzw das Vermögen des anderen bilden aber nicht das Vermögen der stG.

III. Rechtsquellen

Die gesellschaftsrechtlichen Vorschriften über die stG finden sich in den §§ 179 bis 188; sie sind größtenteils dispositiver Natur und können durch den Gesellschaftsvertrag abgeändert werden. Zwingend sind speziell die Gewinnbeteiligung des Stillen (§ 181 Abs 2) sowie die insolvenzrechtlichen Normen des § 187 Abs 2 und § 188, die beide dem Gläubigerschutz dienen.

Die wenigen Vorschriften regeln die stG nur sehr rudimentär; dem Gesellschaftsvertrag kommt daher besondere Bedeutung bei der Regelung des Gesellschaftsverhältnisses zu.

B. Gründung der stG

I. Gesellschaftsvertrag

Da keine Gesellschaft ohne Gesellschaftsvertrag entstehen kann, ist auch für die Gründung einer stG der Abschluss eines Vertrages erforderlich. Der Gesellschaftsvertrag bedarf keiner bestimmten Form; er kann mündlich, schriftlich, ausdrücklich oder stillschweigend abgeschlossen werden. Mit Abschluss des Vertrages entsteht die stG. Einer Eintragung in das Firmenbuch wie bei der OG/KG bedarf es nicht.

II. Gesellschafter

Jede stG besteht aus **zwei Gesellschaftern**, nämlich dem **„Anderen"** und dem **stillen Gesellschafter**. Beteiligen sich mehrere Personen an einem Unternehmen oder Vermögen eines anderen, so liegen so viele stG vor, als Personen beteiligt sind. Strittig ist, ob auch mehrere Personen gegenüber dem anderen als nicht rechtsfähige Gesellschaft (zB GesbR) oder Gemeinschaft (zB Erbengemeinschaft) auftreten können.

1. **Der „Andere":** Durch das GesbR-RG wurde § 179 wesentlich geändert. Bis dahin konnte man sich nur an jemandem beteiligen, der ein Unternehmen betreibt. Der seit 1. 1. 2015 geltende Wortlaut des § 179 ermöglicht nunmehr auch die Beteiligung an einem Nichtunternehmer. Nach den EB zum GesbR-RG soll eine stille Beteiligung auch an einer nicht unternehmenstragenden GesbR und an jedem sonstigen Vermögen ermöglicht werden. Bedauerlicherweise hat der Gesetzgeber die anderen für die stG geltenden Bestimmungen (zB §§ 186, 187) nicht an den neuen Wortlaut des § 179 angepasst und spricht gelegentlich noch immer vom „Inhaber des Unternehmens".
2. **Stiller Gesellschafter:** Stiller kann jeder sein, der rechtsfähig und mit dem anderen nicht ident ist. Strittig ist, ob eine GesbR stiller Gesellschafter sein kann (dafür etwa *Hämmerle/Wünsch, Kastner/Doralt/Nowotny*, dagegen etwa *Artmann, U. Torggler, Rebhahn* und *Straube*). Eine stille Beteiligung an einer stG ist nicht möglich, da die stG als reine Innengesellschaft weder Träger eines Unternehmens noch Vermögens sein kann.

Beispiele: Es kann sich daher etwa die GmbH A still an der GmbH B beteiligen; eine OG kann sich still an einem Einzelunternehmen beteiligen; ebenso eine KG an einer OG oder GesbR etc.

C. Die Regelung des Innenverhältnisses

I. Prinzip der Vertragsfreiheit

Die schuldrechtlichen Beziehungen zwischen den beiden Gesellschaftern sind durch den Gesellschaftsvertrag im Wesentlichen frei gestaltbar. Wie schon erwähnt sind die gesetzlichen Regelungen größtenteils dispositiv.

II. Einlageleistung

1. **Gegenstand der Einlage** kann alles sein, was einen Vermögenswert besitzt. Es können Bar- oder Sacheinlagen erbracht werden. Nach überwiegender Ansicht können auch Dienstleistungen als Einlage erbracht werden.
2. Die **Bewertung** einer Sacheinlage obliegt der freien Vereinbarung der Gesellschafter. Ist der andere, an dem man sich beteiligt, nach UGB rechnungslegungspflichtig, ist allerdings § 202 Abs 1 zu beachten: Anzusetzen ist der Wert, der der Einlage zum Zeitpunkt der Leistung beizulegen ist, soweit sich nicht aus der Nutzungsmöglichkeit im Unternehmen ein geringerer Wert ergibt.
3. Der **Zeitpunkt** der Leistung bestimmt sich nach dem Gesellschaftsvertrag. Mangels Vereinbarung ist die Einlage sofort zu leisten.
4. Der Stille hat die Einlage so zu leisten, dass sie in das **Vermögen des anderen übergeht**. Mit der Leistung wird die Einlage Teil des Vermögens des anderen. Dieser erhält die Verfügungsmacht, nicht aber notwendigerweise das Eigentum an den Gegenständen. Eine Einbringung quoad sortem bzw quoad usum (siehe oben Seite 22 f) wird für zulässig gehalten. Bei einer Einbringung quoad sortem erhält der andere nur das Nutzungsrecht, das in seinem Eigentum steht, nicht aber das Eigentum an der Sache selbst. Ist der andere, an dessen Unternehmen oder Vermögen sich der Stille beteiligt, eine GesbR, geht das Eigentums- oder Nutzungsrecht in das Miteigentum aller Gesellschafter über.
5. Für den stillen Gesellschafter ist ein **Einlagekonto** zu führen. Auf diesem werden die Einlage und die Gewinne bis zur Höhe der vereinbarten Einlage (§ 182 Abs 3) gutgeschrieben und allfällig zugewiesene Verluste abgeschrieben. Durch Verlustzuweisungen kann das Einlagekonto auch negativ werden. Vertraglich kann aber auch wie bei einer OG/KG eine getrennte Kontenführung (starres Einlagekonto, Gewinn/Verlust-Konto) vereinbart werden.
6. Zur **Erhöhung** oder zur **Ergänzung** der durch Verlust verminderten Einlage ist der Gesellschafter nicht verpflichtet (§ 180), sofern nicht im Gesellschaftsvertrag eine **Nachschusspflicht** vereinbart wurde.

III. Gewinn- und Verlustverteilung

1. **Basis für die Verteilung:** Nach überwiegender Auffassung ist für die Berechnung des zu verteilenden Gewinns bzw Verlustes der Jahresabschluss des Unternehmers heranzuziehen, wobei Wertänderungen des Anlagevermögens nicht erfasst werden. Wurde die stG mit einem nicht rechnungslegungspflichtigen Unternehmer (vgl § 189) begründet, so hat dieser entsprechende Aufzeichnungen zu führen, die eine Gewinn- bzw Verlustberechnung ermöglichen.

   Empfehlenswert ist eine **Regelung im Gesellschaftsvertrag**, die festlegt, welche Bezugsgröße heranzuziehen ist.

   > **Beispiele:** Berechnungsgrundlage könnte zB der Bilanzgewinn/Bilanzverlust (§ 231 Abs 2 Z 26 bzw § 231 Abs 3 Z 25), der Jahresüberschuss/Jahresfehlbetrag (§ 231 Abs 2 Z 21 bzw § 231 Abs 3 Z 20), das Ergebnis vor Steuern (§ 231 Abs 2 Z 17 bzw § 231 Abs 3 Z 16) sein.

2. **Gewinn- und Verlustverteilung:** Wurde im Gesellschaftsvertrag kein Verteilungsschlüssel vereinbart, so entfällt nach § 181 Abs 1 auf den Stillen ein **den Umständen nach angemessener Anteil** am Gewinn bzw Verlust. Wurde im Gesellschaftsvertrag nur der Gewinn- oder Verlustverteilungsschlüssel festgelegt, so gilt die Regelung im Zweifel für Gewinn und Verlust (§ 181 Abs 3).
3. **Vertragliche Regelung:** Regelmäßig enthält der Gesellschaftsvertrag eine Gewinn- und Verlustverteilungsklausel. Möglich ist zB eine Aufteilung nach bestimmten Prozentsätzen oder nach dem Verhältnis der Einlage des Stillen zum Eigenkapital des Unternehmers. Zulässig ist es auch, den Stillen gänzlich von einer **Verlustbeteiligung auszuschließen**. Die Gewinnbeteiligung kann dagegen wie

schon erwähnt nicht ausgeschlossen werden (§ 181 Abs 2). Eine Begrenzung der Gewinnbeteiligung ist dagegen möglich. Ebenso zulässig wäre eine Kombination zwischen gewinnunabhängiger Mindestverzinsung der Einlage mit einer Gewinnbeteiligung.

IV. Entnahmerecht

Mangels abweichender Vereinbarung im Gesellschaftsvertrag ist der Stille berechtigt, den auf ihn fallenden Gewinn zu entnehmen (**Gewinnentnahmerecht**; § 182 Abs 1). Der Anspruch auf Gewinnauszahlung ist abtretbar, pfändbar und verpfändbar. Kein Entnahmerecht hat der Stille – wie der Kommanditist (§ 169) – dann, wenn die Einlage des Stillen durch Verluste vermindert ist; dann ist der jährliche Gewinn zur **Verlustdeckung** heranzuziehen (§ 182 Abs 2). Im Gesellschaftsvertrag kann – anders als beim Kommanditisten – die Verlustdeckung abbedungen werden.

Wird der Gewinn dem Stillen nicht ausbezahlt, so ist er dem Einlagekonto nur zuzuschreiben, soweit die Einlage noch nicht einbezahlt oder durch Verluste vermindert wurde. Ansonsten vermehrt ein **nicht behobener Gewinn** die Einlage nicht (§ 182 Abs 3). Der nicht behobene Gewinn ist auf einem gesonderten Konto (häufig als Privatkonto, Sonderkonto oder Darlehenskonto bezeichnet) zu verbuchen. Im Gesellschaftsvertrag kann allerdings eine abweichende Vereinbarung getroffen werden.

V. Geschäftsführung

1. **Gesetzliche Regelung:** Regelungen über die Geschäftsführung, wie sie für die OG in den §§ 114 ff statuiert sind, existieren für die stG nicht. Der Stille als Geldgeber ist zur Führung der Geschäfte grundsätzlich nicht berechtigt. Sie obliegt allein dem **Unternehmer**, der gegenüber dem Stillen zur Geschäftsführung und damit zum Betrieb des Unternehmens verpflichtet ist. Bei der Führung der Geschäfte hat der Unternehmer Rücksicht auf das gemeinsame Interesse der Gesellschafter zu nehmen. Ist der Stille nicht an einem Unternehmen, sondern nur am Vermögen eines anderen beteiligt, so ist er zur Verwaltung dieses Vermögens ebenfalls nicht berechtigt.
2. **Gesellschaftsvertragliche Regelung:** Dem Stillen kann im Gesellschaftsvertrag auch die Geschäftsführungsbefugnis eingeräumt werden. Mit „Geschäftsführung" ist aber nicht etwa jene bei der stG gemeint; diese bezieht sich dann auf das Unternehmen bzw den Rechtsträger, an dem der Stille beteiligt ist. Diese Geschäftsführungsbefugnis kann aber auch nur in sehr eingeschränktem Maß erteilt werden; es kann zB auch vereinbart werden, dass dem Stillen lediglich ein Widerspruchsrecht zu bestimmten Geschäftsarten oder zu außergewöhnlichen Geschäften eingeräumt wird.

VI. Kontrollrechte

Die dem Stillen in § 183 eingeräumten Kontrollrechte stimmen inhaltlich mit jenen des Kommanditisten (§ 166) überein. Es darf auf die entsprechenden Ausführungen zum Kontrollrecht des Kommanditisten (oben Seite 64 f) verwiesen werden.

D. Die Regelung des Außenverhältnisses

I. Vertretung

1. Da die stG eine reine **Innengesellschaft** ist, stellt sich die Frage der Vertretung der stG nicht. Auch eine Vertretungsbefugnis beim Inhaber des Unternehmens oder des Vermögens, an dem sich der Stille beteiligt, besteht nicht. Der Inhaber allein wird aus den abgeschlossenen Geschäften, die im Betrieb des Unternehmens geschlossen werden oder das Vermögen betreffen, an dem die Beteiligung besteht, berechtigt und verpflichtet (§ 179 Abs 2).

2. Zulässig ist es, dem Stillen durch Vertrag Vertretungsmacht in Form der **Prokura** oder **Handlungsvollmacht** einzuräumen; er vertritt dann aber wiederum nicht die stG, sondern den Rechtsträger des Unternehmens oder des Vermögens. Ist dieser ein Rechtsträger, bei dem das Prinzip der Fremdorganschaft gilt (zB eine GmbH), kann der Stille auch Vertretungsorgan (zB Geschäftsführer der GmbH) sein.

II. Haftung und Gläubigerschutz

1. Da die stG nicht rechtsfähig ist, kann sie selbst auch nicht Verbindlichkeiten eingehen. Die Frage der Haftung des Stillen bezieht sich also auf Schulden des Inhabers des Unternehmens bzw Vermögens. Für solche Verbindlichkeiten haftet der Stille den Gläubigern gegenüber nicht (keine „Außenhaftung"). Die Gläubiger können sich nicht wie bei einer OG an den Stillen wenden und Erfüllung ihrer Forderung begehren. Gesellschaftsgläubigern gegenüber haftet der Stille nur ausnahmsweise nach Rechtsscheingrundsätzen, nämlich dann, wenn der Stille durch sein Auftreten im Rechtsverkehr den Schein eines persönlich haftenden Gesellschafters erweckt.

2. Der Stille trägt aber das wirtschaftliche Risiko des gänzlichen oder teilweisen Verlustes seiner Einlage, wenn der Stille am Verlust beteiligt ist und die Einlage daher durch zugewiesene Verluste aufgezehrt ist. Der Stille ist aber nicht verpflichtet, die durch Verluste verminderte Einlage wieder aufzufüllen (§ 180). Ebenso wenig ist der Stille verpflichtet, bezogene Gewinne wegen nachfolgender Verluste zurückzuzahlen (§ 182 Abs 2).

3. Ist die Einlage noch nicht geleistet, so schuldet sie der Stille lediglich dem Inhaber des Unternehmens bzw Vermögens. Die **Gläubiger des Unternehmers** haben lediglich die Möglichkeit, die Forderung des Unternehmers gegen den Stillen auf Leistung der **Einlage** zu **pfänden**.

4. Besondere Bedeutung hat die Frage, welche Stellung der Stille in der **Insolvenz des Inhabers** hat. Nach § 187 Abs 1 kann der Stille wegen der Einlage, soweit sie den Betrag des auf ihn fallenden Verlustes übersteigt, seine Forderung als Insolvenzgläubiger geltend machen. Ist der Stille also nicht am Verlust beteiligt, ist seine Einlage aus Sicht des Inhabers eine Verbindlichkeit und somit rückzahlbares Fremdkapital. In der Insolvenz des Inhabers wird der Stille daher wie ein Gläubiger behandelt. Er hat bezüglich seiner Einlage grundsätzlich weder ein Ab- noch Aussonderungsrecht, sondern nur Anspruch auf quotenmäßige Befriedigung. Wenn er allerdings eine Sacheinlage nur zur Nutzung überlassen hat, steht ihm im Konkurs ein Aussonderungsrecht zu. Ist der Stille auch am Verlust beteiligt, ist seine Einlage aus Sicht des Inhabers grundsätzlich Eigenkapital und damit haftendes Kapital. In dem Ausmaß, in dem Verluste seine Einlage aufgezehrt haben, kann der Stille bezüglich seiner Einlage keine Forderung in der Insolvenz anmelden. Er trägt daher das wirtschaftliche Risiko des Totalausfalls seiner Einlage. Bei **rückständiger Einlage** hat der Stille diese bis zum Betrag seines Verlustanteils in die Insolvenzmasse einzuzahlen (§ 187 Abs 2).

5. § 188 gewährt dem Masse- oder Sanierungsverwalter ein besonderes Anfechtungsrecht für masseschmälernde Rechtshandlungen: Wird aufgrund einer im letzten Jahr vor der Insolvenzeröffnung getroffenen Vereinbarung zwischen dem Inhaber des Unternehmens und dem Stillen diesem die Einlage ganz oder teilweise zurückgewährt oder sein Anteil am Verlust ganz oder teilweise erlassen, so kann der Masse- oder Sanierungsverwalter diese Handlung anfechten. Eine Benachteiligungsabsicht ist nicht erforderlich. Die Anfechtung ist aber ausgeschlossen, wenn die Insolvenzeröffnung in Umständen ihren Grund hat, die erst nach der Vereinbarung der Rückgewähr oder des Erlasses eingetreten sind (§ 188 Abs 2).

> **Beispiele:** Nach der Vereinbarung mit dem Stillen erfolgte ein Konjunktureinbruch, Preisverfall, Konkurs eines Hauptgeschäftspartners etc, der zur Insolvenz des Unternehmers führte.

Auch bei § 188 Abs 1 fällt auf, dass diese Bestimmung nach dem Wortlaut nur eine Vereinbarung mit dem „Inhaber eines Unternehmens" erfasst. Sie ist aber wohl auch auf eine Vereinbarung mit einem „Anderen" (siehe § 179 Abs 1) anzuwenden.

6. Im Fall der **Konkurseröffnung** über das Vermögen des **Stillen** fällt dessen Auseinandersetzungsanspruch in die Insolvenzmasse.

E. Die Beendigung der Gesellschaft

I. Auflösung = Vollbeendigung

Nach hL führt die Auflösung der stG zur Beendigung des Gesellschaftsverhältnisses. Eine Liquidation erfolgt nicht, da die stG über kein Gesellschaftsvermögen verfügt, das zu verwerten wäre. Nach der Auflösung hat sich der Unternehmensinhaber mit dem Stillen auseinanderzusetzen und ihm sein allfälliges Guthaben in Geld auszuzahlen (§ 186 Abs 1).

II. Auflösungsgründe

Diese ergeben sich aus dem Gesetz, aus der rechtlichen Natur der stG sowie aus dem Gesellschaftsvertrag. Nach hL gelten die in § 131 angeführten Auflösungsgründe auch für die stG.

1. **Zeitablauf:** Ist die stG auf eine bestimmte Zeit eingegangen, erlischt sie automatisch mit Zeitablauf.
2. **Auflösungsbeschluss:** Die stG kann durch Vereinbarung des Stillen und des Unternehmers jederzeit aufgelöst werden.
3. **Tod des Unternehmers:** Dieser löst die stG auf (§ 185 Abs 2), sofern im Gesellschaftsvertrag nichts anderes vereinbart wurde. Dem Tod einer natürlichen Person als Unternehmer gleichzuhalten ist die Vollbeendigung einer juristischen Person. Ist der Stille nicht an einem Unternehmen, sondern nur am Vermögen eines anderen beteiligt, stellt sich die Frage, ob auch dessen Tod die stG auflöst. Dem Gesetzeswortlaut nach führt nur der Tod des Inhabers des Unternehmens mangels Regelung im Gesellschaftsvertrag zur Auflösung der Gesellschaft. Naheliegend ist, dass eine ungewollte Lücke im Gesetz vorliegt, die für den Fall des Todes des Inhabers des Vermögens durch Analogie zu schließen ist.

   Der **Tod des Stillen** löst dagegen die stG nicht auf (§ 184 Abs 2), sofern im Gesellschaftsvertrag nichts anderes vereinbart wurde. Die stG wird dann mit dem Erben bzw der Erbengemeinschaft (strittig!) fortgeführt.
4. **Konkurs:** Die Eröffnung des Konkursverfahrens über das Vermögens eines der beiden Gesellschafter führt **zwingend** zur Auflösung der stG (§ 185 Abs 2). Auch diesen Punkt hat der Gesetzgeber nicht exakt geregelt. Wie in § 131 Z 3 und Z 5 bei der OG wird wohl auch die Abänderung der Bezeichnung Sanierungsverfahren in Konkursverfahren oder die rechtskräftige Nichteröffnung oder Aufhebung des Insolvenzverfahrens mangels kostendeckenden Vermögens zur Auflösung der stG führen.
5. **Ordentliche Kündigung:** Eine unbefristete stG kann durch Kündigung durch einen der beiden Gesellschafter oder des Gläubigers eines Stillen aufgelöst werden. Die §§ 132, 134 und 135 finden entsprechende Anwendung (§ 184 Abs 1). Gekündigt werden kann nur zum Ende eines Geschäftsjahres unter Einhaltung einer Kündigungsfrist von sechs Monaten.
6. **Außerordentliche Kündigung:** Bei Vorliegen eines **wichtigen Grundes** kann jeder Gesellschafter das Gesellschaftsverhältnis fristlos kündigen. Dieses Kündigungsrecht ist **zwingend** (§ 184 Abs 1).
7. **Erreichung bzw Nichterreichung des Gesellschaftszwecks** (§ 185 Abs 1).

8. **Konfusion:** Vereinigt sich die Rechtsstellung des Stillen mit der des Anderen, an dem er sich beteiligt, endet die stG ohne Auseinandersetzung.

Beispiele: Der Unternehmer beerbt den Stillen; der stille Gesellschafter und der Unternehmer, beide in Rechtsform der GmbH, werden verschmolzen etc.

III. Auseinandersetzung

Nach Auflösung der stG erfolgt die **Auseinandersetzung** unter dem beiden Gesellschaftern (§ 186 Abs 1). Die schuldrechtlichen Beziehungen werden gelöst, das Auseinandersetzungsguthaben ermittelt und grundsätzlich in Geld an den stillen Gesellschafter ausgezahlt. Der Stille erhält also im Wesentlichen seine Einlage zurück; hat er eine Sacheinlage geleistet, so hat der Stille trotzdem nur Anspruch auf Auszahlung einer Geldsumme. Am Gewinn und allenfalls am Verlust aus schwebenden Geschäften nimmt der Stille noch teil (§ 186 Abs 2).

Die gesetzlichen Regelungen über die Auseinandersetzung sind dispositiver Natur. Im Gesellschaftsvertrag kann eine andere Form der Berechnung des Auseinandersetzungsanspruchs vereinbart werden. Insbesondere könnte vereinbart werden, dass der Stille am Wertzuwachs des Unternehmens entsprechend beteiligt wird.

F. Die Abgrenzung der stG von anderen Rechtsverhältnissen

I. Partiarisches Darlehen

Vom Darlehen mit Gewinnbeteiligung unterscheidet sich die stG primär durch die Verfolgung eines **gemeinsamen Zwecks**. Der Stille hat Kontrollrechte und ist überdies häufig am Verlust beteiligt. Der Kreditgeber hat dagegen keine gesetzlich eingeräumten Kontrollrechte, sondern kann sich solche nur auf schuldrechtlicher Basis einräumen lassen.

II. Partiarischer Dienstvertrag

Bei dieser Form des Dienstvertrages besteht die Gegenleistung ganz oder teilweise in einer Gewinnbeteiligung. Im Gegensatz zur stG fehlt es auch hier an der Verfolgung eines **gemeinsamen Zwecks**; dies zeigt sich besonders in der Abhängigkeit des Dienstnehmers.

III. Gesellschaft bürgerlichen Rechts

Abgrenzungsprobleme können sich nur gegenüber der als Innengesellschaft geführten GesbR ergeben. Merkmale einer GesbR sind die Gemeinschaftlichkeit des Gesellschaftsvermögens sowie die Geschäftsführung durch die Gesellschafter.

IV. Kommanditbeteiligung

Der Kommanditist tritt schon allein durch die Eintragung ins Firmenbuch nach außen in Erscheinung. Die KG ist ein selbständiges Rechtssubjekt, die stG dagegen nicht. Der Kommanditist ist an der KG beteiligt, der Stille lediglich am Unternehmen oder Vermögen eines anderen.

SECHSTER ABSCHNITT
DIE EUROPÄISCHE WIRTSCHAFTLICHE INTERESSENVEREINIGUNG

A. Begriff, Rechtsnatur und Rechtsquellen

Vorbemerkungen:

Ein gemeinsamer europäischer Wirtschaftsmarkt kann nur dann funktionieren, wenn Unternehmer grenzüberschreitend zusammenarbeiten können. Ebenso wie das jeweilige innerstaatliche Recht für eine Zusammenarbeit mehrerer Personen Gesellschaftsformen zur Verfügung stellt, war es ein Ziel, für den gesamten Binnenmarkt ein rechtliches Instrument für eine **grenzüberschreitende Kooperation** zu schaffen. Dieses Ziel soll unter anderem auch durch die Europäische wirtschaftliche Interessenvereinigung (kurz EWIV) verwirklicht werden.

Die praktische Bedeutung der EWIV in Österreich ist nach gegenwärtiger Lage äußerst gering. Es kommt kaum zu Gründungen derartiger Vereinigungen; mit Stichtag 1. 1. 2015 waren insgesamt nur 30 derartiger Gesellschaften im Firmenbuch eingetragen. Die Zahl ist seit Jahren konstant. Wegen der geringen praktischen Bedeutung wird die EWIV hier deshalb nur in Grundzügen behandelt.

I. Rechtsquellen

Die EWIV beruht in erster Linie auf der Verordnung (EWG) 2137/85 des Rates vom 25. 7. 1985 über die Schaffung einer Europäischen wirtschaftlichen Interessenvereinigung (kurz: **EWIV-VO**). Die Mitgliedstaaten der EU bzw des EWR sind verpflichtet, Ausführungsgesetze zu erlassen, die nur subsidiären Charakter haben. Österreich ist dieser Verpflichtung nachgekommen und hat das EWIV-Ausführungsgesetz (kurz: **EWIVG**) beschlossen, welches mit 1. 10. 1995 in Kraft getreten ist.

Nach Art 2 EWIV-VO ist das innerstaatliche Recht des Staates anzuwenden, in dem die Vereinigung nach dem Gründungsvertrag ihren Sitz hat. Die EWIV ist daher nicht europaweit einheitlich geregelt. Es gibt folglich zB eine österreichische, deutsche oder französische EWIV, die aufgrund innerstaatlicher Regelungen gewisse Unterschiede aufweisen.

II. Begriff

Die EWIV ist eine **Vereinigung** mit dem **Zweck**, die wirtschaftliche Tätigkeit ihrer Mitglieder zu erleichtern oder zu entwickeln sowie die Ergebnisse dieser Tätigkeit zu verbessern oder zu steigern (vgl Art 3 Abs 1 EWIV-VO). Sie soll insbesondere kleinen und mittleren Unternehmen eine grenzüberschreitende Kooperation ermöglichen.

III. Rechtsnatur

Art 1 Abs 2 EWIV-VO bestimmt, dass die EWIV von der Eintragung an die Fähigkeit hat, im eigenen Namen Träger von Rechten und Pflichten jeder Art zu sein. Abs 3 leg cit überlässt es den Mitgliedstaaten, der EWIV eine eigene Rechtspersönlichkeit einzuräumen. Österreich hat die EWIV nach dem Vorbild der OG gestaltet. Nach § 1 EWIVG sind nämlich auf die EWIV die für eine OG geltenden Bestimmungen anzuwenden. Bezüglich der Rechtsnatur ist daher auf die Ausführungen zur OG (oben Seite 16 f) zu verweisen.

Im Unterschied zur OG ist die EWIV gem § 2 **Unternehmer kraft Rechtsform**.

B. Wesensmerkmale der EWIV

I. Hilfsfunktion der EWIV

1. Die EWIV hat eine reine **Hilfsfunktion**. Sie hat den Zweck, die wirtschaftliche Tätigkeit ihrer Mitglieder zu fördern. Die Vereinigung hat aber nicht den Zweck, für sich selbst Gewinn zu erzielen (Art 3 Abs 1 EWIV-VO). Das bedeutet einerseits, dass sie selbst **nicht mit Gewinnerzielungsabsicht** tätig sein darf. Andererseits ist es der EWIV nicht verboten, tatsächlich Gewinne zu erzielen **(kein Gewinnerzielungsverbot)**. Nach Art 21 Abs 1 EWIV-VO gelten die erzielten Gewinne aus der Tätigkeit der Vereinigung als Gewinne ihrer Mitglieder.
2. Die **Tätigkeit** der Vereinigung muss im Zusammenhang mit der wirtschaftlichen Tätigkeit ihrer Mitglieder stehen (Art 3 Abs 1 EWIV-VO). Zwischen dem Unternehmensgegenstand der EWIV und dem der Mitglieder muss Akzessorietät bestehen. Die Tätigkeit der EWIV darf nicht an die Stelle der Tätigkeit ihrer Mitglieder treten.

> **Beispiel:** Die Aufgabe einer EWIV kann im gemeinsamen Einkauf von Rohmaterial für die Produktion in den Betrieben der Mitglieder liegen. Die EWIV darf aber nicht generell als Rohstoffhändler auftreten oder Rohstoffe zu Fertig- oder Halbfertigprodukten verarbeiten.

3. Die EWIV darf **keine Holdingfunktion** ausüben; sie darf keine Anteile (Aktien etc) an ihren Mitgliedsunternehmen halten oder sich an einer anderen EWIV beteiligen (Art 3 Abs 2 EWIV-VO).
4. Der Beschränkung des zulässigen Zwecks auf die grenzüberschreitende Unternehmenskooperation dient auch die Beschränkung der Arbeitnehmerzahl auf maximal 500 Personen (Art 3 Abs 2 EWIV-VO).

II. Mitglieder

1. Nach Art 4 Abs 1 EWIV-VO können Gesellschaften im Sinne des Art 54 Abs 2 (ex Art 48 Abs 2 EGV) AEUV („Gesellschaften des bürgerlichen Rechts und des Handelsrechts einschließlich Genossenschaften und die sonstigen juristischen Personen des öffentlichen Rechts und des Privatrechts") Mitglieder einer EWIV sein. Ausgenommen sind lediglich Gesellschaften, die keinen Erwerbszweck verfolgen. Ebenso können **natürliche Personen**, die eine gewerbliche, kaufmännische, handwerkliche oder freiberufliche Tätigkeit in der EU bzw im EWR ausüben oder dort andere Dienstleistungen erbringen, sich an einer EWIV beteiligen.
2. Die Vereinigung muss aus **mindestens zwei Mitgliedern** bestehen (Art 4 Abs 2 EWIV-VO).
3. Mindestens ein Mitglied muss in einem anderen Mitgliedstaat seine Hauptverwaltung oder seine Haupttätigkeit haben, als die anderen Mitglieder („Mehrstaatlichkeitsprinzip").

C. Gründung der EWIV

Zur Gründung einer EWIV bedarf es des Abschlusses eines schriftlichen **Gründungsvertrages**, der beim Firmenbuch zu hinterlegen ist (Art 5 iVm Art 7 EWIV-VO). Der Vertrag hat als zwingenden Mindestinhalt den Namen der Vereinigung, den Sitz und den Unternehmensgegenstand zu enthalten. Überdies sind die Namen, die Firma, die Rechtsform und gegebenenfalls die Nummer und der Ort der Registereintragung jedes Mitglieds der Vereinigung ebenso in den Vertrag aufzunehmen wie die Dauer der Vereinigung (Art 5 EWIV-VO).

Die **Eintragung** der EWIV im Firmenbuch hat **konstitutive Wirkung** (Art 1 Abs 2 EWIV-VO). Die Bekanntmachung der Eintragung hat in der Ediktsdatei zu erfolgen; in weiterer Folge sind bestimmte Angaben dem Amt für amtliche Mitteilungen der Europäischen Gemeinschaften mitzuteilen (§ 4 EWIVG).

D. Organisation

Notwendige Organe der EWIV sind nach Art 16 EWIV-VO die **gemeinschaftlich handelnden Mitglieder** (entspricht der Gesellschafterversammlung) und der oder die **Geschäftsführer**. Der Vertrag kann weitere Organe vorsehen. Die Entscheidungen der Mitglieder haben grundsätzlich einstimmig zu erfolgen. Art 17 Abs 2 EWIV-VO zählt eine Reihe von Beschlüssen auf, die zwingend einstimmig zu fassen sind; ansonsten kann der Gesellschaftsvertrag vom Einstimmigkeitsprinzip abweichen.

E. Haftung für Gesellschaftsschulden

Nach Art 24 EWIV-VO haften die Mitglieder der Vereinigung **unbeschränkt** und **gesamtschuldnerisch** für die Verbindlichkeiten der Vereinigung. Die Einzelheiten der Haftung richten sich nach der innerstaatlichen Regelung. Durch den generellen Verweis auf das OG-Recht in § 1 EWIVG entspricht die Haftung der EWIV-Mitglieder grundsätzlich jener der Gesellschafter einer OG. Der einzige wesentliche Unterschied besteht darin, dass die Mitglieder einer EWIV **nicht primär** haften; Art 24 Abs 2 EWIV-VO schreibt nämlich vor, dass die Gläubiger bis zum Schluss der Abwicklung ihre Forderungen gegenüber einem Mitglied erst dann geltend machen können, wenn sie die Vereinigung zur Zahlung aufgefordert haben und die Zahlung nicht innerhalb einer angemessenen Frist erfolgt ist.

F. Subsidiäre Geltung des OG-Rechts

Enthält die EWIV-VO oder das EWIVG keine spezielle Regelung, so sind subsidiär die für eine OG geltenden Bestimmungen (§§ 105 bis 160 UGB) auf die EWIV anzuwenden (§ 1 EWIVG).

Stichwortverzeichnis